SZÉCHÉNYI

Das sozialrechtliche Widerspruchsverfahren

Das sozialrechtliche Widerspruchsverfahren

Dr. Attila Széchényi M.A.
Leitender Regierungdirektor
bei der Regierung von Oberfranken

2. Auflage

BOORBERG

Bibliografische Information der Deutschen Nationalbibliothek |
Die Deutsche Nationalbibliothek verzeichnet diese Publikation in der Deutschen Nationalbibliografie; detaillierte bibliografische Daten sind im Internet über www.dnb.de abrufbar.

2. Auflage, 2024

ISBN 978-3-415-07649-5

Titelfoto: © Olivier Le Moal – stock.adobe.com | Satz: abavo GmbH, Nebelhornstraße 8, 86807 Buchloe | Druck und Bindung: Laupp & Göbel GmbH, Robert-Bosch-Str. 42, 72810 Gomaringen

Richard Boorberg Verlag GmbH & Co KG | Levelingstraße 6a | 81673 München
Stuttgart | München | Hannover | Berlin | Weimar | Dresden
www.boorberg.de

Inhaltsverzeichnis

Vorwort zur 1. Auflage 2015

Das sozialrechtliche Widerspruchsverfahren hat in der täglichen Praxis der zuständigen Behörden große Bedeutung.

Während für das Abfassen von Bescheiden im Verwaltungsverfahren allgemein und speziell für das Widerspruchsverfahren nach der VwGO einschlägige Literatur vorhanden ist, fehlt für den Bereich des sozialrechtlichen Widerspruchsverfahrens bislang eine auf die Praxis bzw. die Bedürfnisse der mit Widerspruchsverfahren in diesem Bereich befassten Behörden zugeschnittene Abhandlung.

Diese Lücke zu schließen ist Absicht und Ziel des vorliegenden Werkes.

Dabei beschränkt sich die Darstellung im Wesentlichen auf Widerspruchsverfahren im Bereich des Zwölften Sozialgesetzbuches.

Ein herzliches Dankeschön geht an Herrn Richter am Sozialgericht, Dr. Helmut Meyer-Metzner (Sozialgericht Bayreuth) und Herrn Oberregierungsrat Daniel Hopf sowie an Frau Regierungsoberinspektorin Petra Hartmann und Frau Regierungsoberinspektorin Tanja Eckert (beide Regierung von Oberfranken) für die kritische Durchsicht des Manuskripts und lebhafte Diskussionen.

Bayreuth/München, den 26.06.2015 *Der Verfasser*

Vorwort zur 2. Auflage (Ergänzung)

Nach neun Jahren ist eine behutsame Überarbeitung und Aktualisierung erforderlich geworden; im Wesentlichen geht es um die Vorschriften, um die das SGB X und das SGG im Zuge der zunehmenden Digitalisierung von Verwaltungsverfahren und sozialgerichtlichem Verfahren ergänzt worden sind. Aufbau und Inhalt des Werkes haben sich in der Praxis bewährt und sind beibehalten worden.

Bayreuth, den 21.03.2024 *Der Verfasser*

A. Einführung

1. Zweck des Vorverfahrens

Im Vorverfahren, das sich aus dem Abhilfeverfahren vor der Ausgangsbehörde (vgl. §85 Abs.1 SGG) und dem Widerspruchsverfahren vor der Widerspruchsbehörde (§85 Abs.2 SGG) zusammensetzt, wird die Recht- und Zweckmäßigkeit eines Verwaltungsakts bzw. seiner Ablehnung nachgeprüft (§78 SGG). Die Rechtmäßigkeitsprüfung teilt sich auf in die Prüfung der formellen Rechtmäßigkeit der Ausgangsentscheidung (Zuständigkeit, Verfahren, Form) und die der materiellen Rechtmäßigkeit (zu der auch die inhaltlich richtige Ermessensentscheidung gehört).

Das Widerspruchsverfahren beginnt mit der Erhebung des Widerspruchs (§83 SGG) und endet (spätestens) mit der Bekanntgabe des Widerspruchsbescheids (§85 Abs.3 Satz1 SGG).

Mit dem Vor- oder Widerspruchsverfahren werden folgende Zwecke verfolgt: Selbstkontrolle der Verwaltung, Entlastung der Sozialgerichte und Gewährleistung des Rechtsschutzes für den Bürger[1].

Der Selbstkontrollfunktion kommt insbesondere dann Bedeutung zu, wenn die Widerspruchsbehörde zugleich Rechtsaufsichtsbehörde ist. Denn anhand der vorgelegten Akten der Ausgangsbehörden kann die Widerspruchsbehörde nicht nur die Rechtmäßigkeit des Verwaltungshandelns im Einzelfall überprüfen, sondern zugleich einen tiefen Einblick in die Sachbehandlung bei den zu beaufsichtigenden Behörden allgemein gewinnen. Damit ist nicht nur gewährleistet, dass im Einzelfall im Ergebnis (formell und) materiell rechtmäßige Entscheidungen getroffen werden, sondern es wird zugleich für einen einheitlichen und rechtskonformen Verwaltungsvollzug insgesamt gesorgt.

Entlastungsfunktion für die Sozialgerichte hat das Vorverfahren nicht nur bezüglich der Verfahren, die von der Widerspruchsbehörde abschließend entschieden werden und nicht mehr zu Gericht gelangen (sei es durch Abhilfe, (Teil-)Stattgabe oder Zurückweisung), sondern oftmals auch dadurch, dass ein in tatsächlicher oder rechtlicher Sicht unvollständig ermittelter bzw. begründeter Verwaltungsakt vervollständigt wird oder Ermessenserwägungen vorgenommen oder ergänzt werden[2] und das Sozialgericht auf einen in tatsächlicher Hinsicht vollständigen und auch rechtlich (erneut) aufbereiteten Sachverhalt trifft (§95 SGG).

1 BSG, U. v. 11.05.2011, B 6 KA 13/10 R, BSGE 108, 175, juris Rn. 28.

2 BVerwG, U. v. 13.11.1981, 1 C 69/78, NJW 1982, 1413, juris Rn. 24.

Für den Bürger bietet das Widerspruchsverfahren den Vorteil, ggf. schneller zu einer Entscheidung zu kommen als bei einem gerichtlichen Verfahren. Dazu kommt noch, dass die Widerspruchsbehörde (was z. B. in Bezug auf Art und Maß von Sozialleistungen eine Rolle spielt) in vollem Umfang selbst Ermessen ausüben kann[3], während das Sozialgericht lediglich überprüfen kann, ob Ermessensfehler vorliegen (§54 Abs. 2 Satz 2 SGG) und dann die Behörde – außer in den Fällen einer Ermessensreduzierung auf null – zur Neubescheidung verpflichten kann[4].

Da der Vollzug des 4. Kapitels SGB XII (Grundsicherung im Alter und bei Erwerbsminderung) seit dem 1. Januar 2013 (§46a Abs. 1 SGB XII, Art. 104a Abs. 3 Satz 2 GG, Art. 81 Abs. 2 Satz 1 AGSG) in der Bundesauftragsverwaltung erfolgt, findet insoweit eine Zweckmäßigkeitskontrolle statt (Art. 85 Abs. 4 GG). Soweit der Vollzug der Sozialgesetze als Selbstverwaltungsaufgabe in den eigenen Wirkungskreis der Sozialhilfeträger fällt (§3 Abs. 2 SGB XII), findet eine Zweckmäßigkeitskontrolle nicht statt[5]. Allerdings spielt die Zweckmäßigkeitskontrolle (vgl. §78 Abs. 1 Satz 1 SGG) in der Praxis ohnehin keine Rolle.

2. Anwendbares Verfahrensrecht

Das Widerspruchsverfahren ist zum Teil – als Sachentscheidungsvoraussetzung – im Sozialgerichtsgesetz geregelt, zum Teil – da es ein Verwaltungsverfahren gemäß §8 SGB X ist – im SGB X (§62 SGB X).

§62 SGB X bestimmt, dass für förmliche Rechtsbehelfe gegen Verwaltungsakte das Sozialgerichtsgesetz gilt, wenn der Sozialrechtsweg gegeben ist. Der Rechtsweg zu den Sozialgerichten wird nach §51 SGG eröffnet.

Das Sozialgerichtsgesetz gilt für Widersprüche nicht, wenn durch Gesetz etwas anderes bestimmt ist. Diese Vorschrift hat, soweit ersichtlich, für das SGB XII keinen Anwendungsbereich.

Im Übrigen gilt für das sozialrechtliche Widerspruchsverfahren das Sozialgesetzbuch und damit vor allem das SGB X (§62 Halbsatz 2 SGB X). Dessen Regelungen können durch spezialgesetzliche Bestimmungen verdrängt werden.

Die Verweisung auf das Sozialgerichtsgesetz in §62 Halbsatz 1 SGB X ist einschränkend dahingehend auszulegen, dass nicht alle Vorschriften des

3 BVerwG, U. v. 13.11.1981, 1 C 69/78, NJW 1982, 1413; juris Rn. 24; Binder in: Berchtold, SGG, 6. Aufl. 2023, § 85 Rn. 3.

4 Lowe in: Hintz/Lowe, SGG, 2012, §78 Rn. 2.

5 Kopp/Schenke, VwGO, 29. Aufl. 2023, §72 Rn. 1.

Sozialgerichtsgesetzes gelten, sondern zunächst nur die Vorschriften, die ausdrücklich das Widerspruchsverfahren regeln (§§ 78 ff. SGG). Im Übrigen gelten die Vorschriften des SGB X. Nur dann, wenn sich weder in den genannten, ausdrücklich das Widerspruchsverfahren als Vorverfahren des gerichtlichen Verfahrens regelnden Vorschriften noch im SGB X Regelungen finden, können – da dann eine Regelungslücke vorliegt – Vorschriften des Sozialgerichtsgesetzes entsprechend angewendet werden.

In Verwaltungspraxis und Rechtsprechung werden mitunter ohne nähere Problematisierung Vorschriften des SGG entsprechend angewendet. Diese Darstellung folgt in der Regel der ober- und höchstgerichtlichen Rechtsprechung und geht im Interesse der Lesbarkeit auf dogmatische Kritikpunkte nur punktuell ein.

Die praktischen Auswirkungen der beschriebenen Regelungssystematik sollen an einem Beispiel verdeutlicht werden: Ein Widerspruch wird von einer in Form einer GmbH organisierten Einrichtung eingelegt, die psychisch kranke Menschen im Rahmen der Eingliederungshilfe betreut. Wendet man die für Prozessbevollmächtigte geltende Vorschrift des § 73 SGG an, so kann die GmbH nur dann als Bevollmächtigte bestellt werden, wenn sie die Voraussetzungen des § 73 Abs. 2 SGG erfüllt. Erfüllt sie die Voraussetzungen nicht, ist der Widerspruch unzulässig und zurückzuweisen. Demgegenüber schränkt § 13 SGB X den Kreis der Bevollmächtigten nicht ein. Nach den oben dargestellten Grundsätzen ist die Frage, wer zum Bevollmächtigten in einem Verwaltungsverfahren bestellt werden kann, bereits im SGB X abschließend geregelt. Ein Rückgriff auf § 73 SGG ist nicht zulässig.

3. Die prozessuale Bedeutung des Vorverfahrens

Grundsätzlich ist ein durchgeführtes Vorverfahren Klagevoraussetzung (§ 78 Abs. 1 Satz 1 SGG). Kein Vorverfahren ist notwendig in den in § 78 Abs. 1 Satz 2 SGG genannten Fällen.

3.1 Vorverfahren als Klagevoraussetzung

Ein erfolglos durchgeführtes Widerspruchsverfahren ist grundsätzlich Sachentscheidungsvoraussetzung[6] für Anfechtungsklagen bzw. Verpflichtungsklagen (§ 78 SGG).

Fehlt es daran, ist eine auf eine Sachentscheidung gerichtete Klage unzulässig und müsste dementsprechend abgewiesen werden. Das Bundes-

6 Lowe in: Hintz/Lowe a. a. O. § 78 Rn. 1.

sozialgericht hält es allerdings für ausreichend, wenn das Widerspruchsverfahren während des gerichtlichen Verfahrens (spätester Zeitpunkt für den Erlass des Widerspruchsbescheids: Schluss der mündlichen Verhandlung) nachgeholt wird[7]. Zudem stellt es nach der Rechtsprechung des Bundessozialgerichts einen Verfahrensmangel dar, wenn ein Gericht eine Klage als unzulässig abweist, ohne den Beteiligten Gelegenheit zu geben, das Vorverfahren zu Ende zu führen[8].

Dementsprechend wird in der sozialgerichtlichen Rechtsprechung vertreten, dass das gerichtliche Verfahren in solchen Fällen in analoger Anwendung des § 114 Abs. 2 SGG auszusetzen und dem Widerspruchsführer bzw. der Widerspruchsbehörde Gelegenheit zur Durchführung des Widerspruchsverfahrens zu geben ist[9].

Geht ein Sozialgericht so vor, stellt sich in der Praxis für die Widerspruchsbehörde folgendes Problem bei der Erteilung der Rechtsbehelfsbelehrung:

Gemäß § 85 Abs. 3 Satz 1 SGG ist den Beteiligten eine Rechtsbehelfsbelehrung zu erteilen. Soweit aber bereits – wenn auch unzulässigerweise – Klage erhoben worden ist (s. o.) und die Sozialgerichte – der beschriebenen Rechtsprechung folgend – das Verfahren für die Durchführung des Widerspruchsverfahrens und bis zum Erlass des Widerspruchsbescheids ausgesetzt haben, würde eine erneut erhobene Klage wegen der bereits bestehenden Rechtshängigkeit (§ 94 SGG) unzulässig sein. Dieses Problem entsteht nur, weil die Sozialgerichte – unter Verstoß gegen Wortlaut und Regelungssystematik des SGG – Verfahren zur Durchführung/Nachholung des Vorverfahrens aussetzen (anstatt die Klagen als unzulässig abzuweisen). Die Rechtsbehelfsbelehrung könnte eine Widerspruchsbehörde aber nur weglassen, indem diese Norm in den beschriebenen Fallkonstellationen teleologisch reduziert wird. Eine solche Vorgehensweise ist allerdings mit Art. 20 Abs. 3 GG nicht vereinbar, so dass – gestützt auf das geltende Gesetz – gleichwohl eine Rechtsbehelfsbelehrung zu erteilen ist. Es ist dann Sache der Sozialgerichte, durch entsprechende Hinweise zu vermeiden, dass (weitere) unzulässige Klagen erhoben werden.

---

7 BSG, U. v. 30.11.1961, 4 RJ 183/59, BSGE 16, 21; BSG, U. v. 11.05.2011, B 6 KA 13/10 R, BSGE 108, 175; BSG, B. v. 01.07.2014, B 1 KK 99/13 B.

8 BSG, U. v. 22.06.1966, 3 RK 64/62, BSGE 25, 66.

9 Lowe in: Hintz/Lowe a. a. O. § 78 Rn. 6, der dieser Rechtsprechung kritisch gegenübersteht.

3.2 Entbehrlichkeit des Vorverfahrens

3.2.1 Gesetzlich geregelte Ausnahmen

Gemäß §78 Abs. 1 Satz 2 Nr. 1 SGG bedarf es keines Vorverfahrens, wenn ein Gesetz dies für besondere Fälle bestimmt. Zu diesen gesetzlich bestimmten Fällen gehören auch die Regelungen in den §§86 und 96 SGG[10]. Nach diesen Vorschriften werden Verwaltungsakte, die den mit Widerspruch bzw. Klage angegriffenen Verwaltungsakt während des Widerspruchsverfahrens bzw. nach Klageerhebung abändern bzw. ersetzen, Gegenstand des Widerspruchs- bzw. Klageverfahrens.

Ferner bedarf es keines Vorverfahrens in den Fällen, in denen der Verwaltungsakt von einer obersten Bundesbehörde, einer obersten Landesbehörde oder von dem Vorstand der Bundesagentur für Arbeit erlassen worden ist, außer wenn ein Gesetz die Nachprüfung vorschreibt (§ 78 Abs. 1 Satz 2 Nr. 2 SGG).

Schließlich ist kein Vorverfahren bei bestimmten Klägern durchzuführen, nämlich gemäß §78 Abs. 1 Satz 2 Nr. 3 SGG dann, wenn ein Land, ein Versicherungsträger oder einer seiner Verbände klagen will.

3.2.2 Gesetzlich nicht geregelte Ausnahmen

Neben den gesetzlich geregelten Ausnahmen wird in Rechtsprechung und Literatur auch über weitere, nicht gesetzlich geregelte Ausnahmen diskutiert[11]. Unproblematisch dürfte ein Widerspruchsverfahren in dem in §68 Abs. 1 Satz 2 Nr. 2 VwGO geregelten Fall entbehrlich sein, wenn der Widerspruchsbescheid erstmalig eine Beschwer enthält[12].

3.2.3 Die Untätigkeitsklage als Sonderfall der Entbehrlichkeit eines Vorverfahrens

Die Untätigkeitsklage (§88 SGG) ist ein Sonderfall der Entbehrlichkeit eines Vorverfahrens. Im Gegensatz zu der Untätigkeitsklage im Geltungsbereich der VwGO (§75 VwGO) ist die Untätigkeitsklage nach §88 SGG nicht auf eine Sachentscheidung gerichtet, sondern der Kläger erreicht mit seiner Klage maximal, dass die säumige Behörde zur Tätigkeit verpflichtet wird. Dabei regelt §88 Abs. 1 SGG den Fall, dass die Ausgangsbehörde ohne zureichenden Grund nicht in angemessener Frist entschieden hat, während §88 Abs. 2 SGG den Fall betrifft, dass über einen Widerspruch nicht in angemessener

10 Binder in: Berchtold a.a.O., § 78 Rn. 15 ordnet den Fall des § 96 SGG als gesetzlich nicht geregelten Fall ein.

11 Eine Übersicht dazu findet sich bei Binder in: Berchtold a.a.O., § 78 Rn. 14 ff.

12 B. Schmidt in: Meyer-Ladewig/Keller/Schmidt, SGG 14. Aufl. 2023, §78 Rn. 8.

Frist entschieden worden ist. Dementsprechend wird die Untätigkeitsklage entweder (§ 88 Abs. 1 SGG) gegen den Rechtsträger der Ausgangsbehörde gerichtet sein (mit dem Ziel, diesen zum Erlass einer Sachentscheidung zu verpflichten) oder gegen den Rechtsträger der Widerspruchsbehörde gemäß § 88 Abs. 2 SGG (mit dem Ziel, diesen zum Erlass eines Widerspruchsbescheids zu verpflichten).

B. Das Widerspruchsverfahren

1. Beginn des Widerspruchsverfahrens

1.1 Einlegung des Widerspruchs: Devolutiv- und Suspensiveffekt

Das Widerspruchsverfahren beginnt mit der Erhebung des Widerspruchs (§ 83 SGG).

Der Widerspruch hat Devolutiveffekt (§ 85 SGG) und Suspensiveffekt. Der Devolutiveffekt tritt erst mit Abgabe des Widerspruchs von der Ausgangs- an die Widerspruchsbehörde ein (§ 85 Abs. 2 SGG).

1.1.1 Devolutiveffekt

Devolutiveffekt bedeutet, dass durch den Widerspruch die Zuständigkeit der Widerspruchsbehörde begründet wird (*zuständigkeitsbegründende Anfallwirkung*[13]).

1.1.2 Suspensiveffekt

Der Suspensiveffekt (§ 86a Abs. 1 SGG: *aufschiebende Wirkung*) verhindert den Eintritt der Bestandskraft (§ 77 SGG). Er tritt mit Erhebung des Widerspruchs ein und wirkt auf den Erlasszeitpunkt des Verwaltungsaktes zurück[14].

Nach der »Vollziehbarkeitstheorie« bleibt der Verwaltungsakt wirksam (§ 39 Abs. 2 SGB X), es dürfen jedoch keine rechtlichen Folgerungen im weiteren Sinn aus dem suspendierten Verwaltungsakt gezogen werden (*umfassende Verwirklichungs- und Ausnutzungshemmung*[15]). Das bedeutet zunächst, dass keine Vollstreckungsmaßnahmen im Sinne des einschlägigen Verwaltungsvollstreckungsgesetzes (§ 66 SGB X) getroffen werden dürfen. Beispielsweise darf ein per Verwaltungsakt festgesetzter Rückforderungsbetrag (§ 50 Abs. 3 Satz 1 SGB X) nicht beigetrieben werden (Art. 23 ff. VwZVG bzw. §§ 1 bis 5 VwVG). Darüber hinaus haben Behörden, Adressat und auch Dritte den Regelungsinhalt des suspendierten Verwaltungsakts unbeachtet zu lassen. Wird beispielsweise eine durch Verwaltungsakt gewährte Sozialleistung wegen fehlender Mitwirkung nach § 66 Abs. 1 Satz 1 SGB I entzogen und legt der Adressat Widerspruch

13 Pietzner/Ronellenfitsch, Das Assessorexamen im Öffentlichen Recht, 13. Aufl. 2014, Rn. 1037.

14 BSG, U. v. 28.01.1998, B 6 KA 41/96 R, SozR 3–1500 § 97 Nr. 3.

15 *Schoch in: Schoch/Schneider, Verwaltungsrecht, Werkstand: 44. EL März 2023, § 80 Rn. 94.*

ein, ist die Sozialleistung gemäß dem zugrunde liegenden Verwaltungsakt wieder/weiter zu erbringen[16]. Der Widerspruch gegen die Versagung einer Sozialleistung nach §66 Abs. 1 Satz 1 SGG kann insofern Suspensivwirkung haben, als die Ausgangsbehörde mit Eintritt der Suspensivwirkung (wieder) verpflichtet ist, den Antrag weiter in der Sache zu bearbeiten, um einer Untätigkeitsklage (§88 Abs. 1 SGG) zu entgehen[17].

1.2 Keine aufschiebende Wirkung bei offensichtlich unzulässigem Widerspruch

Nach dem Gesetzeswortlaut haben Widerspruch und Anfechtungsklage aufschiebende Wirkung (§86a Abs. 1 Satz 1 SGG). Auf die Zulässigkeit oder gar Begründetheit des jeweils eingelegten Rechtsbehelfs kommt es demnach nicht an. Die aufschiebende Wirkung soll verhindern, dass vor einer Überprüfung des angegriffenen Verwaltungsaktes vollendete Tatsachen geschaffen werden[18]. Deshalb ist §86a Abs. 1 SGG angesichts des Zwecks der aufschiebenden Wirkung dahingehend einschränkend auszulegen, dass die aufschiebende Wirkung dann nicht eintritt, wenn es zu einer Überprüfung des Verwaltungsaktes nicht (mehr) kommen kann, weil der Widerspruch offensichtlich unzulässig ist[19]. Das kann etwa der Fall sein, wenn die angegriffene Maßnahme keinen Verwaltungsakt darstellt oder der Widerspruch verfristet ist und keine Gründe für eine Wiedereinsetzung vorliegen[20].

1.3 Gesetzlicher Ausschluss der aufschiebenden Wirkung (§86a Abs. 2 SGG)

Die aufschiebende Wirkung von Widerspruch und Anfechtungsklage entfällt in den in §86a Abs. 2 Nr. 1 bis 5 genannten Fällen.

§93 Abs. 3 SGB XII bestimmt als Bundesgesetz im Sinne des §86a Abs. 2 Nr. 4 SGG, dass Widerspruch und Anfechtungsklage gegen Überleitungsanzeigen nach §93 Abs. 1 SGB XII keine aufschiebende Wirkung haben (eine §39 Nr. 1 SGB II vergleichbare Regelung gibt es im SGB XII nicht).

Die aufschiebende Wirkung entfällt außerdem, wenn dies durch die Ausgangs- oder Widerspruchsbehörde gesondert angeordnet wird (§86a Abs. 2 Nr. 5 SGG). Die (formelle) Rechtmäßigkeit (Zuständigkeit, Verfahren, Schrift-

---

16 BSG, U. v. 23.09.1997, 2 RU 44/96, NZS 1998, 300.

17 Kritisch zur Suspensivwirkung bei einem Widerspruch gegen eine Versagung nach §66 Abs. 1 SGB I Hintz in: Hintz/Lowe, a. a. O., §86a Rn. 6.

18 Keller in: Meyer-Ladewig/Keller/Schmidt a. a. O., §86a Rn. 4.

19 Keller in: Meyer-Ladewig/Keller/Schmidt a. a. O., §86a Rn. 10.

20 Hintz in: Hintz/Lowe a. a. O., §86a Rn. 9.

form) der Anordnung der sofortigen Vollziehung durch die Ausgangsbehörde wird durch die Widerspruchsbehörde im Rahmen des Widerspruchsverfahrens nicht überprüft. Denn bei dieser Anordnung handelt es sich nicht um einen Verwaltungsakt[21], so dass ein Widerspruch insoweit nicht statthaft ist (§ 78 SGG). Die Widerspruchsbehörde kann allerdings auf Antrag oder von Amts wegen[22] in den Fällen des § 86a Abs. 2 SGG die sofortige Vollziehung ganz oder teilweise aussetzen (§ 86a Abs. 3 Satz 1 SGG). Das kann im Zusammenhang mit einem Widerspruchsbescheid, aber auch in einem gesonderten Bescheid geschehen.

1.4 Anordnung bzw. Aussetzung der sofortigen Vollziehung durch die Widerspruchsbehörde

1.4.1 Zuständigkeit und Verfahren

Die Widerspruchsbehörde ist für die Anordnung bzw. Aussetzung der sofortigen Vollziehung ab Eintritt des Devolutiveffekts bis zum Erlass des Widerspruchsbescheids (= Bekanntgabe bzw. Zustellung) zuständig[23]. Die Entscheidung über die Anordnung oder Aussetzung der sofortigen Vollziehung kann in diesem zeitlichen Rahmen zusammen mit dem Widerspruchsbescheid oder gesondert ergehen.

Eine Anhörung ist nicht erforderlich, da es sich bei der Anordnung der sofortigen Vollziehung nicht um einen Verwaltungsakt handelt (§ 24 Abs. 1 SGB X). Die Begründung bedarf der Schriftform (§ 86a Abs. 2 Nr. 5 SGG). Deshalb wird auch die Anordnung der sofortigen Vollziehung selbst regelmäßig schriftlich zu treffen sein.

1.4.2 Inhaltliche Anforderungen an die Anordnung/Aussetzung der sofortigen Vollziehung

Die Widerspruchsbehörde hat nach pflichtgemäßem Ermessen über die Anordnung bzw. die Aussetzung der sofortigen Vollziehung zu entscheiden und dabei das besondere öffentliche Interesse mit dem Interesse des Widerspruchsführers abzuwägen[24]. Dabei sind neben den Folgen einer Vollziehung auch die Erfolgsaussichten des Widerspruchs zu berücksichtigen[25]. Ergibt beispielsweise bereits eine überschlägige Prüfung des Wi-

21 Keller in: Meyer-Ladewig/Keller/Schmidt a. a. O., § 86a Rn. 17a.
22 Keller in: Meyer-Ladewig/Keller/Schmidt a. a. O., § 86a Rn. 18.
23 Kopp/Schenke a. a. O. § 80 Rn. 81, teilweise a. A.: Keller in: Meyer-Ladewig/Keller/Schmidt a. a. O., § 86a Rn. 21, 25.
24 Keller in: Meyer-Ladewig/Keller/Schmidt a. a. O., § 86a Rn. 26.
25 Keller in: Meyer-Ladewig/Keller/Schmidt a. a. O., § 86a Rn. 26; Hintz in: Hintz/Lowe a. a. O., § 86a Rn. 52.

derspruchs gegen einen entziehenden Verwaltungsakt gemäß §66 Abs. 1 SGB I, dass dieser rechtswidrig ist, spricht regelmäßig – auch angesichts der Folgen der Entziehung für den Betroffenen – viel dafür, die sofortige Vollziehung auszusetzen. Ergibt die Prüfung dagegen, dass der angegriffene Verwaltungsakt voraussichtlich rechtmäßig ist, folgt daraus noch lange nicht, dass auch ein nach §86a Abs. 2 Nr. 5 bzw. Abs. 3 Satz 1 SGG anerkennenswertes Interesse an der sofortigen Vollziehung besteht. Denn das Gesetz hat die aufschiebende Wirkung in §86a Abs. 1 SGG gerade zum Regelfall gemacht und für deren Eintritt nach dem klaren Gesetzeswortlaut (s. oben) keine weiteren Bedingungen aufgestellt. Deshalb ist auch im Fall eines voraussichtlich erfolglosen Widerspruchs zusätzlich zu prüfen, ob ein besonderes Interesse[26] an der sofortigen Vollziehung besteht.

Die Widerspruchsbehörde kann ihre Entscheidung über die Aussetzung der Vollziehung jederzeit ändern oder aufheben (§86a Abs. 3 Satz 5 SGG).

1.4.3 Form und Aufbau einer Entscheidung über die Anordnung/ Aussetzung der sofortigen Vollziehung

Äußere Form und Aufbau einer Entscheidung über die Anordnung bzw. Aussetzung der sofortigen Vollziehung orientieren sich – wenn die Entscheidung nicht ohnehin im Zusammenhang mit einer Entscheidung über den Widerspruch ergeht – an dem herkömmlichen Muster für einen Bescheid.

Eine Kostenentscheidung ist nicht zu treffen. Verwaltungskosten fallen wegen §64 SGB X nicht an. Aufwendungen des Antragstellers einschließlich etwaiger Anwaltskosten, die für einen Antrag auf Anordnung oder Aussetzung der sofortigen Vollziehung entstehen, sind mangels Rechtsgrundlage selbst dann nicht erstattungsfähig, wenn er »obsiegt«, d. h. auf seinen Antrag hin die sofortige Vollziehung angeordnet oder ausgesetzt wird[27]. §63 SGB X bezieht sich nach seinem eindeutigen Wortlaut nur auf das Vorverfahren.

! Muster 1: Aussetzung der sofortigen Vollziehung

Die sofortige Vollziehung von Ziffer 1 des Bescheids des Landratsamts A… vom 09.01.2024, Az. …wird ausgesetzt.

Gründe

I. *Sachverhalt*

II. *Rechtsausführungen*

---

26 Näher dazu Keller in: Meyer-Ladewig/Keller/Schmidt a. a. O., §86a Rn. 19a, 20.

27 BSG, U. v. 14.02.2013, B 14 AS 62/12 R, FEVS 65, 60, juris Rn. 28.

! Muster 2: Ablehnung eines Antrags auf Aussetzung der sofortigen Vollziehung

1. Der Antrag auf Aussetzung der sofortigen Vollziehung von Ziffer 1 des Bescheids des Landratsamts A. vom 09.01.2024, Az. ... wird abgelehnt.

.

.

.

Gründe

I. *Sachverhalt*

II. *Rechtsausführungen*

! Muster 3: Anordnung der sofortigen Vollziehung

Die sofortige Vollziehung der Ziffer 1 des Bescheides des Landratsamts A... vom 09.01.2024, Az. ... wird angeordnet.

2. Ende des Widerspruchsverfahrens

Das Widerspruchsverfahren endet spätestens mit dem Erlass (d.h. gemäß §§ 37 Abs. 1, 39 Abs. 1 SGB X mit der Bekanntgabe bzw. Zustellung) des Widerspruchsbescheids. Mit der Bekanntgabe bzw. Zustellung des Widerspruchsbescheids verliert die Widerspruchsbehörde ihre Zuständigkeit[28]. Das Widerspruchsverfahren endet ferner, wenn die Ausgangsbehörde dem Widerspruch abhilft, wenn der Widerspruch zurückgenommen, für erledigt erklärt oder wenn auf ihn verzichtet wird[29]. Das Widerspruchsverfahren endet auch dann, wenn der Widerspruchsführer seinen Antrag bei der Ausgangsbehörde zurücknimmt.

3. Zuständigkeitskonkurrenz zwischen Ausgangs- und Widerspruchsbehörde nach Abhilfeverweigerung

Die Zuständigkeit der Widerspruchsbehörde wird erst durch den Eingang des Widerspruchs nach Vorlage der Ausgangsbehörde begründet. Die Vorlage erfolgt durch ein Vorlageschreiben. In der Praxis hat es sich bewährt, dass die Ausgangsbehörde in dem Vorlageschreiben – gegliedert nach

28 VGH Baden-Württemberg, U. v. 23.12.1994, 9 S 653/93, NVwZ-RR 1995, 476.

29 Pietzner/Ronellenfitsch a. a. O., Rn. 1165 und 1168.

Sachverhalt und Rechtsausführungen unter Bezugnahme auf die paginierte Behördenakte – ihre Sicht zusammenfassend darlegt und insbesondere auch auf neuen Sach- oder Rechtsvortrag des Widerspruchsführers eingeht.

Die Ausgangsbehörde verliert ihre Zuständigkeit mit der Nichtabhilfeentscheidung bzw. der Vorlage des Widerspruchs an die Widerspruchsbehörde nicht. Ab Eintritt des Devolutiveffekts kommt es damit zu einer Verdoppelung der Zuständigkeit. Die Zuständigkeit der Widerspruchsbehörde endet mit der Bekanntgabe des Widerspruchsbescheids[30]. Unberührt vom Devolutiveffekt bleibt ebenfalls die Möglichkeit der Ausgangsbehörde, einen Zweitbescheid zu erlassen[31].

4. Unterbrechung des Widerspruchsverfahrens durch den Tod des Widerspruchsführers

4.1 Allgemeines

Mit dem Tod einer Person endet deren Beteiligungsfähigkeit (§ 10 Nr. 1 Alt. 1 SGB X)[32]. § 13 Abs. 2 Satz 1 SGB X bestimmt nur, dass eine Vollmacht durch den Tod des Vollmachtgebers nicht aufgehoben wird; der Bevollmächtigte jedoch, wenn er für den Rechtsnachfolger im Verwaltungsverfahren auftritt, dessen Vollmacht auf Verlangen schriftlich beizubringen hat. Im Übrigen enthält das SGB X keine Regelungen bezüglich der Auswirkungen des Todes eines Verfahrensbeteiligten auf ein laufendes Verwaltungs- bzw. Widerspruchsverfahren.

4.2 Rechtsnachfolge im Widerspruchsverfahren

Die Rechtsnachfolge in die Beteiligtenstellung im Widerspruchsverfahren richtet sich nach den Regelungen des materiellen Rechts. Eine Rechtsnachfolge in die Beteiligtenstellung setzt damit voraus, dass der Rechtsnachfolger in die materiell-rechtliche Position des verstorbenen Widerspruchsführers einrückt. Die Rechtsnachfolge kann durch öffentlich-rechtliche Vorschriften angeordnet sein oder sich aus den erbrechtlichen Regelungen des BGB ergeben.

30 VGH Baden-Württemberg, U. v. 23.12.1994, 9 S 653/93, NVwZ-RR 1995, 476–477.
31 B. Schmidt in: Meyer-Ladewig/Keller/Schmidt a. a. O., § 85 Rn. 2g.
32 Roller in: Schütze, SGB X, 9. Aufl. 2010, § 10 Rn. 4.

4.2.1 Sonderrechtsnachfolge nach sozialrechtlichen Vorschriften

Die Rechtsnachfolge in Ansprüche auf Sozialleistungen ist in den §§ 56 bis 59 SGB I geregelt.

Ansprüche auf Dienst- oder Sachleistungen erlöschen mit dem Tod des Berechtigten (§ 59 Satz 1 SGB I)[33]. Ansprüche auf Geldleistungen erlöschen nur, wenn sie im Zeitpunkt des Todes des Berechtigten weder festgestellt sind noch ein Verwaltungsverfahren über sie anhängig ist (§ 59 Satz 2 SGB I)[34]. Die Rechtsprechung schränkt die Vererblichkeit von Sozialhilfeansprüchen allerdings ein, indem zusätzlich verlangt wird, dass der Leistungsberechtigte zu Lebzeiten seinen Bedarf mithilfe eines im Vertrauen auf die spätere Bewilligung von Sozialhilfe vorleistenden Dritten gedeckt hat, weil der Sozialhilfeträger nicht rechtzeitig geholfen oder die Hilfe abgelehnt hat[35]. Hat der Leistungsberechtigte seinen Bedarf aus eigenem Einkommen oder Vermögen gedeckt, erfolgt nach dieser Rechtsprechung kein Anspruchsübergang.

Fällige Ansprüche auf laufende Geldleistungen stehen den in § 56 Abs. 1 SGB I genannten Personen zu (Sonderrechtsnachfolge). Die Fälligkeit richtet sich nach den §§ 40, 41 SGB I. Bei Ermessensleistungen kommt es auf den Zeitpunkt der Bekanntgabe an (§ 40 Abs. 2 SGB I).

Darüber hinaus bestimmt § 19 Abs. 6 SGB XII, dass der Anspruch der Berechtigten auf Leistungen für Einrichtungen oder auf Pflegegeld, soweit die Leistung den Berechtigten erbracht worden wäre, nach ihrem Tod demjenigen zusteht, der die Leistung erbracht oder die Pflege geleistet hat. Das kann der Träger des Pflegeheims oder ein vorleistender Dritter sein[36].

Es handelt sich um einen gesetzlich geregelten Fall einer Sonderrechtsnachfolge im Sinne einer cessio legis[37]. Der Vorleistende erhält den Anspruch allerdings nur in dem Umfang, wie er auch dem Verstorbenen zustand. Fehlt beispielsweise die Bedürftigkeit[38] oder hatte der Sozialhilfeträger keine Kenntnis von dem Bedarf (§ 18 Abs. 1 SGB XII)[39], muss sich dies auch der Vorleistende entgegenhalten lassen. Die Vorschrift greift

33 Zur Prüfungsreihenfolge näher Eckstein, Rechtsnachfolge in Sozialleistungen, Die Rentenversicherung 2014, S. 26/29.

34 Näher dazu Eckstein a. a. O., S. 29.

35 BSG, U. v. 23.07.2014, B 8 SO 14/13 R. – juris Rn. 12 im Anschluss an die Rechtsprechung des Bundesverwaltungsgerichts (U. v. 05.05.1994, 5 C 43/91, juris Rn. 14).

36 LSG NRW, B.v. 27.04.2014, L 20 SO 465/13 B, juris Rn. 24; Bayerisches LSG, U. v. 24.09.2014, L 8 SO 26/14 juris Rn. 17.

37 BSG, U. v. 13.07.2010, B 8 SO 13/09 R, Rn. 11.

38 BSG, U. v. 20.09.2012, B 8 SO 20/11 R, juris Rn. 13.

39 LSG NRW, U. v. 28.08.2014, L 9 SO 28/14, juris Rn. 28

nach ihrem Sinn und Zweck nur ein, wenn über die Leistung noch nicht abschließend entschieden wurde und deshalb noch keine Leistungen geflossen sind[40]. Denn durch den Anspruchsübergang sollen die Träger einer Einrichtung, die Hilfe zur Pflege erbracht haben oder Pflegepersonen in ihrem Vertrauen auf die Gewährung von Leistungen geschützt werden[41].

4.2.2 Rechtsnachfolge nach erbrechtlichen Vorschriften

Soweit fällige Ansprüche auf Geldleistungen nicht nach den §§ 56 und 57 SGB I einem Sonderrechtsnachfolger zustehen, werden sie nach den Vorschriften des Bürgerlichen Gesetzbuchs vererbt (§ 58 Satz 1 SGB I).

4.3 Auswirkungen der Rechtsnachfolge auf das Widerspruchsverfahren

Das Bundessozialgericht hält bei Eintritt der Rechtsnachfolge im Widerspruchsverfahren die §§ 239, 246 ZPO für anwendbar[42]. Das bedeutet: Ist der Widerspruchsführer nicht durch einen Bevollmächtigten vertreten, wird das Widerspruchsverfahren unterbrochen[43] und erst fortgesetzt, wenn es durch den Rechtsnachfolger aufgenommen wird. Ist der Widerspruchsführer durch einen Bevollmächtigten vertreten (bei dem es sich nicht um einen Rechtsanwalt handeln muss), tritt keine Unterbrechung des Widerspruchsverfahrens ein. Die Widerspruchsbehörde hat jedoch auf Antrag des Bevollmächtigten bzw. der Ausgangsbehörde das Verfahren auszusetzen[44]. Ein förmlicher Beschluss hat darüber im Widerspruchsverfahren nicht zu erfolgen. Die bekannten Beteiligten sind jedoch (durch ein entsprechendes Schreiben) über die Aussetzung in Kenntnis zu setzen.

> Im Rahmen des Untersuchungsgrundsatzes (§ 20 SGB X) hat die Widerspruchsbehörde mögliche Rechtsnachfolger zu ermitteln.

Hat die Behörde einen möglichen Rechtsnachfolger ermittelt, ist dieser anzuschreiben, über das laufende Widerspruchsverfahren zu informieren und aufzufordern, über die Fortsetzung des Widerspruchsverfahrens zu entscheiden.

40 LSG Berlin-Brandenburg, U. v. 13.03.2014, L 23 SO 176/11, Rn. 46.

41 LSG Berlin-Brandenburg, U. v. 13.03.2014, L 23 SO 176/11, Rn. 47.

42 BSG, U. v. 13.07.2010, B 8 SO 11/09 R, FEVS 62, 298, juris Rn. 10.

43 BSG, U. v. 13.07.2010 a. a. O.

44 B. Schmidt in: Meyer-Ladewig/Keller/Schmidt a.a.O., § 85 Rn. 6a zur Befugnis der Behörde, ein Verfahren im Rahmen des Verfahrensermessens auszusetzen.

Setzt der Rechtsnachfolger das Widerspruchsverfahren fort, ist er fortan anstelle des Verstorbenen als Widerspruchsführer zu führen. Der Eintritt der Rechtsnachfolge ist in den Gründen zu erwähnen.

Ist ein Rechtsnachfolger nicht zu ermitteln oder liegt kein Rechtsnachfolgetatbestand vor, ist das Widerspruchsverfahren formlos einzustellen[45].

5. Die Tätigkeiten der Widerspruchsbehörde im Widerspruchsverfahren

5.1 Beweiserhebung/Untersuchungsgrundsatz

Der Untersuchungsgrundsatz (§ 20 SGB X) gilt auch im Widerspruchsverfahren. Entsprechend der Aufgabe der Widerspruchsbehörde, zunächst – als Voraussetzung für die Sachentscheidung selbst – die Zulässigkeit des Widerspruchs festzustellen und anschließend die angegriffene Entscheidung selbst vollumfänglich auf ihre (formelle und materielle) Rechtmäßigkeit sowie (sofern zulässig) auf ihre Zweckmäßigkeit zu überprüfen, hat sie Art und Umfang der Ermittlungen zu bestimmen, um dies beurteilen zu können.

Die Zulässigkeit des Widerspruchs ist in vollem Umfang von Amts wegen festzustellen.

Art und Umfang der Ermittlungen bezüglich der Begründetheit des Widerspruchs sind ggf. durch das erkennbare Widerspruchsziel eingeschränkt. Die Widerspruchsbehörde ist zwar entsprechend § 123 SGG nicht an einen etwaigen Antrag im Widerspruchsverfahren gebunden. Es ergibt sich auch durch das Vorbringen des Widerspruchsführers in der – gleichfalls nicht gesetzlich vorgeschriebenen Begründung – keine Beschränkung des Prüfungsumfangs im Widerspruchsverfahren. Allerdings darf die Widerspruchsbehörde dem Widerspruchsführer nichts zusprechen, was er tatsächlich nicht haben will[46]. Es ist ihr nicht erlaubt, über den klar begrenzten Antrag hinauszugehen.

Eine weitere Begrenzung des Untersuchungsgrundsatzes im Widerspruchsverfahren ergibt sich aus der Mitwirkungspflicht (§ 60 Abs. 1 SGB I, § 21 Abs. 2 Satz 1 SGB X[47]). Der Widerspruchsführer ist insbesondere verpflichtet, ihm bekannte Tatsachen und Beweismittel mitzuteilen[48]. Die Widerspruchsbehörde muss keine Maßnahmen der Sachaufklärung »ins Blaue

45 Schmitz in: Stelkens/Bonk/Sachs a. a. O., § 9 Rn. 206.

46 BSG, U. v. 26.02.1986, 9a RVs 4/83, BSGE 60, 11, juris Rn. 13.

47 BSG, U. v. 13.02.2014, B 4 AS 22/13 R, juris Rn. 15; näher dazu Siefert in: Schütze a. a. O., § 20 Rn. 20.

48 Siefert in: Schütze a. a. O., § 21 Rn. 20.

hinein« ergreifen, sondern über das aus den Akten Ersichtliche bzw. vom Widerspruchsführer Vorgebrachte hinaus nur Ermittlungen anstellen, die sich ihr aufdrängen[49].

Wichtigste Erkenntnisquelle der Widerspruchsbehörde sind die Akten der Ausgangsbehörde, die in der Regel mit dem Vorlageschreiben übersandt werden.

Gelegentlich (bei umfangreicheren Vorgängen) kommt es vor, dass – etwa erkennbar an der Paginierung – nur Aktenauszüge vorgelegt werden. Reichen diese aus Sicht der Widerspruchsbehörde aus, um die Rechtmäßigkeit des Verfahrens bzw. die inhaltliche Richtigkeit des angegriffenen Bescheids beurteilen zu können, ist dies nicht zu beanstanden. Gerade um einen vollständigen Überblick über die Verfahrensführung zu bekommen und sicherzugehen, dass alle (aktenmäßig dokumentierten) Vorgänge bei der Entscheidung über den Widerspruch herangezogen werden können, sind ggf. die vollständigen Akten anzufordern. Die Ausgangsbehörden sind zur Vorlage der vollständigen Akten verpflichtet.

Im Übrigen wählt die Widerspruchsbehörde die zielführenden Mittel aus (vgl. § 20 Abs. 1 Satz 2 SGB X). Dazu können Auskünfte (etwa zu sonderpädagogischen Fragen im Zusammenhang mit Eingliederungshilfeleistungen für den Schulbesuch) bei anderen Sachgebieten der Widerspruchsbehörde selbst, bei anderen Fachbehörden aber auch Nachfragen bei der Ausgangsbehörde zählen. Solche Nachfragen können zwecks Verfahrensbeschleunigung auch fernmündlich oder per E-Mail gestellt werden. Im Hinblick auf eine lückenlose und nachvollziehbare Sachbearbeitung bzw. Aktenführung empfiehlt sich allerdings in der Regel eine Nachfrage per E-Mail.

! Muster 4: Nachfrage beim zuständigen Sachbearbeiter der Ausgangsbehörde per E-Mail

Ihr Zeichen: 22219-....; Unser Zeichen: 6423-...

Sehr geehrter Herr Mustermann,

in obiger Sache wird gebeten, zu folgenden Punkten ergänzend vorzutragen:

1) Die mit Ziffer 3 des Bescheides vom 17.04.2023 für die fachliche Betreuung bewilligte Summe von 700,00 EUR monatlich wird mit Bescheid vom 20.09.2023

49 BVerwG, U. v. 18.01.1967, VIC 82.63, BVerwGE 26, 30, juris Rn. 18; BVerwG, B.v. 16.04.1987, 4 B 78/87, juris Rn. 3.

auf einen Betreuungsschlüssel von 1:18 umgestellt. Was bedeutet das? Konkret: Welche Leistungen in welchem zeitlichen Umfang werden vergütet und mit welchem Stundensatz? Wie hoch ist die Leistung für die fachliche Betreuung insgesamt? Sofern es hierzu Vereinbarungen etc. gibt, wird gebeten, diese vorzulegen.

2) Bitte legen Sie die im Schreiben vom 09.01.2024 erwähnten »neuen Richtlinien« für Wohnen in Gastfamilien vor. Aus welchem Grund wird (wieder) ein Betrag von pauschal 700,00 EUR gewährt und aus welchem Grund deckt dieser pauschale Betrag den Bedarf der Widerspruchsführerin ab?

Mit freundlichen Grüßen

Dr. Széchényi

5.2 Nachholung von Verfahrensschritten

Stellt die Widerspruchsbehörde bei der Durchsicht der vorgelegten Behördenakten bzw. aufgrund des Vortrags des Widerspruchsführers fest, dass Verfahrensfehler passiert sind, hat sie die Möglichkeit, fehlende oder fehlerhafte Verfahrensschritte (soweit diese nicht zur Nichtigkeit gemäß § 40 SGB X geführt haben) von der Ausgangsbehörde nachholen zu lassen oder selbst nachzuholen und damit zu heilen[50].

5.3 Vorgehen bei materiell-rechtlichen Mängeln

Stellt die Widerspruchsbehörde nach Durchsicht der Unterlagen und rechtlicher Prüfung fest, dass der Widerspruch keinen Erfolg haben wird, führen Aufforderungsschreiben an den Widerspruchsführer zur Rücknahme des Widerspruchs angesichts der Kostenfreiheit (§ 64 SGB X) in der Regel nicht zum Erfolg.

Stellt die Widerspruchsbehörde nach Durchsicht der Unterlagen und rechtlicher Prüfung fest, dass Rechtsvorschriften unrichtig angewendet worden sind oder Ermessen nicht oder fehlerhaft ausgeübt worden ist, kann sie in der Sache entscheiden. Der Widerspruchsbehörde steht die gleiche Entscheidungskompetenz zu wie der Ausgangsbehörde[51]. Beim Anfechtungswiderspruch hebt sie den angefochtenen Bescheid auf. Beim Leistungswiderspruch spricht sie die Verpflichtung zur Leistung direkt

50 HessVGH, B.v. 21.10.2013, 1 A 1512/13.Z, NVwZ-RR 2014, 109, juris Rn. 6.

51 BSG, U. v. 02.12.1992, 6 RKa 33/90, BSGE 71, 274; BSG, U. v. 21.06.2000, B 4 RA 57/99 R, juris Rn. 17; VG Würzburg, U. v. 06.11.2012, W 1 K 12.246, juris Rn. 52.

im Widerspruchsbescheid aus[52]. Alternativ kommt der Erlass eines Bescheidungswiderspruches in Betracht.

Alternativ zur Sachentscheidung kann die Ausgangsbehörde schriftlich oder per E-Mail aufgefordert werden, dem Widerspruch in eigener Zuständigkeit abzuhelfen. Im Hinblick auf die laufende Frist für die Bearbeitung von Widersprüchen (§ 88 Abs. 2 SGG), auf die generelle Verpflichtung der Behörden, Verwaltungsverfahren zügig durchzuführen (§ 9 Satz 2 SGB X), und nicht zuletzt auch im Interesse einer ressourcenschonenden Widerspruchssachbearbeitung empfiehlt es sich, für die Entscheidung über die Abhilfe eine genau bestimmte Frist zu setzen und anzukündigen, dass nach Ablauf der Frist über den Widerspruch entschieden wird. Ein solches Schreiben setzt selbstverständlich voraus, dass der Sachverhalt vollständig aufgeklärt ist und rechtlich abschließend durchdrungen ist, so dass nach fruchtlosem Fristablauf auch tatsächlich eine Entscheidung getroffen werden kann. Zudem geht es auch darum, die Ausgangsbehörde von der Rechtsauffassung der Widerspruchsbehörde zu überzeugen (Rechtsgedanke des § 128 Abs. 1 SGG).

! Muster 5: Schreiben an Ausgangsbehörde mit der Aufforderung zu Abhilfe (per E-Mail)

Ihr Zeichen: 22211-...; Unser Zeichen: 6423-.../13

Sehr geehrter Herr ...,

in obiger Sache teile ich Folgendes mit:

Der Bezirk ... hat den Antrag des Widerspruchsführers mit Bescheid vom 17.07.2023 im Wesentlichen mit der Begründung abgelehnt, der Widerspruchsführer könne sich selbst helfen (§ 2 Abs. 1 SGB XII), da er Leistungen der DRV erhalten habe, die zwar auf das Konto seines Vaters überwiesen worden seien, die er aber von diesem zurückerhalten könne.

52 Vertretbar wäre auch, nur eine Verpflichtung der Ausgangsbehörde auszusprechen. Dies überzeugt allerdings nicht angesichts des Umstandes, dass durch den Devolutiveffekt die volle Entscheidungskompetenz der Ausgangs- auf die Widerspruchsbehörde übergeht und auch nicht unter dem Aspekt des effektiven Rechtsschutzes.

Mit dieser Begründung ist der ablehnende Bescheid nach vorläufiger Rechtsauffassung nicht haltbar.

I. § 2 Abs. 1 SGB XII als Ausschlussgrund

§ 2 Abs. 1 SGB XII ist nach ständiger Rechtsprechung des Bundessozialgerichts keine eigenständige Ausschlussnorm. Ein Rückgriff auf diese Vorschrift ist nach ständiger Rechtsprechung des Bundessozialgerichts allenfalls in extremen Ausnahmefällen denkbar, etwa wenn sich der Bedürftige generell eigenen Bemühungen verschließe und Ansprüche ohne Weiteres realisierbar seien (BSG, U. v. 26.08.2008, B 8/9b SO 16/07 R, juris Rn. 15).

II. Zutreffende Anspruchsgrundlagen

Vielmehr gelten für Ansprüche auf Leistungen nach dem sechsten Kapitel SGB XII (§§ 53 bis 60 SGB XII) die §§ 85 ff. SGB XII.

1) Einkommen

Dementsprechend wäre zunächst zu prüfen, ob der Widerspruchsführer über Einkommen (§ 85 Abs. 1 SGB XII) verfügt. Einkommen ist grundsätzlich alles das, was jemand nach Antragstellung wertmäßig dazu erhält (BSG, U. v. 30.07.2008, B 14 AS 26/07 R). Nach den Angaben des Betreuers des Widerspruchsführers im Widerspruchsschreiben vom 03.08.2013 wurde das Krankengeld nur bis zum 24.06.2013 gezahlt (lässt sich anhand der mir vorliegenden Akten nicht nachvollziehen). Weitere Einkünfte habe der Widerspruchsführer nach Angaben seines Betreuers nicht. Diese Angaben wären zu überprüfen.

2) Vermögen

Gemäß § 90 Abs. 1 SGB XII hat der Leistungsberechtigte sein Vermögen einzusetzen. Vermögen ist das, was vor Antragstellung bereits vorhanden ist (BSG, U. v. 30.07.2008, B 14 AS 26/07 R). Im vorliegenden Fall also das Guthaben des Widerspruchsführers auf seinem Girokonto. Das Guthaben lag nach den mit vorliegenden Akten unter dem Freibetrag von 2.600,00 EUR. Für die Frage, ob Vermögen tatsächlich vorhanden ist, kommt es auf die Rechtmäßigkeit der Zahlungen an den Vater des Widerspruchsführers nicht an, da Vermögen ***nur*** *das* ***tatsächlich Vorhandene*** *ist. Grundsätzlich zählen auch Forderungen zum Vermögen (Mergler/Zink, Handbuch der Grundsicherung und Sozialhilfe, § 90 Rn. 6). Unterstellt (wofür nach den vorliegenden Angaben alles spricht, näher dazu unten), der Widerspruchsführer hätte gegen seinen Vater einen Anspruch auf Rückzahlung der rund 10.000,00 EUR, so handelte es sich derzeit nur um einen noch nicht realisierten schuldrechtlichen Anspruch.*

Nach der Rechtsprechung des Bundessozialgerichts (Urteil vom 13.05.2009, B 4 AS 49/08 R, Rn. 12 juris) sind aber nicht realisierte Ansprüche auf laufende Geldleistungen nicht als einzusetzendes Vermögen (oder als Einkommen) im Sinne von §90 SGB XII zu bewerten. Dies folgt nach der Ansicht des Gerichts schon daraus, dass bei solchen Ansprüchen der wertmäßige Zuwachs erst mit dem tatsächlichen Geldzufluss, nicht aber schon mit dem bloßen Entstehen oder der Fälligkeit des Anspruchs eintritt.

Sofern die Voraussetzungen des §§53 ff. SGB XII vorliegen (was noch nicht geprüft wurde) und die §§85 ff. SGB XII erfüllt sind (was nochmals nach den oben genannten Grundsätzen zu machen wäre), wäre erneut über den Anspruch des Widerspruchsführers zu entscheiden.

Wie bereits erwähnt spricht nach Aktenlage alles dafür, dass die Zahlungen an den Vater des Widerspruchsführers rechtsgrundlos erfolgt sind. Der Widerspruchsführer dürfte deshalb einen Rückzahlungsanspruch gegen seinen Vater haben, den der Betreuer realisieren müsste. Als Rechtsgrundlage kommt etwa §812 BGB in Betracht. Die Gründe für die Rechtsgrundlosigkeit der Zahlung sind in dem angegriffenen Bescheid des Bezirks bereits benannt worden. Diesen Anspruch könnte und müsste der Bezirk … gemäß §93 Abs. 1 SGB XII auf sich überleiten und dann durchsetzen.

Es wird gebeten, bis zum ***28.03.2024*** *mitzuteilen, ob der Bezirk … über den Antrag des Widerspruchsführers unter Berücksichtigung der oben dargelegten Rechtsauffassung der Regierung von Oberfranken erneut entscheiden wird. Nach Ablauf dieser Frist wird – sofern nicht zwischenzeitlich, etwa aufgrund ergänzenden Sachvortrags oder ergänzender rechtlicher Erwägungen, die vorläufige Rechtsauffassung zu ändern ist – ein Widerspruchsbescheid in Form des Bescheidungswiderspruchs ergehen.*

Mit freundlichen Grüßen

Dr. Széchényi

5.4 Das Akteneinsichtsrecht im sozialrechtlichen Verwaltungsverfahren

Das Sozialgesetzbuch X sowie das Sozialgerichtsgesetz enthalten Regelungen zur Akteneinsicht im sozialrechtlichen Verwaltungsverfahren, im Widerspruchsverfahren und im sozialgerichtlichen Verfahren (§25 SGB X, §84a SGG, §120 SGG). Da Fehler der Ausgangsbehörde bei der Gestattung von Akteneinsicht zur formellen Rechtswidrigkeit des Ausgangsbescheids führen können[53], folgt eine kurze Darstellung dieses Themas.

53 Siefert in: Schütze a.a.O., §25 Rn. 46.

5.4.1 Akteneinsicht bei der Ausgangsbehörde

Anspruchsberechtigt sind die Beteiligten (§25 Abs.1 Satz1 SGBX, §12 SGBX) sowie deren Bevollmächtigte. Der Anspruch besteht zeitlich zwischen dem Beginn (§8 SGBX) eines Verwaltungsverfahrens und seinem Abschluss (ggf. auch wiederholt[54]). Zur Vorbereitung eines Antrages nach §44 SGBX kann auch nach Abschluss[55] bzw. vor Beginn eines Verwaltungsverfahrens Akteneinsicht genommen werden. Erfasst werden die das Verfahren betreffenden Akten (§25 Abs.1 Satz1 SGBX). Dieser Begriff wird weit ausgelegt. Erfasst wird nicht nur die unter dem jeweiligen Aktenzeichen für ein konkretes Verwaltungsverfahren angelegt Akte, sondern alle Unterlagen, die für die Entscheidung von Bedeutung sind[56]. Von Bedeutung ist die Reichweite des Aktenbegriffs etwas bei Widersprüchen, die sich auf die Höhe der angemessenen Kosten für Unterkunft und Heizung beziehen. Hier ist oft umstritten, ob den von dem zuständigen Leistungsträger festgesetzten Angemessenheitsgrenzen das von der Rechtsprechung des Bundessozialgerichts[57] geforderte schlüssige Konzept zu Grunde liegt. Da die Angemessenheitsgrenzen für die Festsetzung der Höhe der Leistungen von entscheidender Bedeutung sind, erstreckt sich der Anspruch auf Akteneinsicht auch auf die entsprechenden Gutachten bzw. Erhebungen durch die Behörde[58].

Ein rechtliches Interesse ist nach der Rechtsprechung des Bundessozialgerichts gegeben, wenn die Akteneinsicht darauf gerichtet ist, tatsächliche Unsicherheiten über ein Rechtsverhältnis zu klären, ein rechtlich relevantes Verhalten nach dem Ergebnis der Einsichtnahme zu regeln oder eine gesicherte Grundlage für die Verfolgung eines Anspruchs zu erhal-

54 BFH, B.v. 11.09.2013, I B 179/12, juris Rn. 16.

55 Siefert in: Schütze a.a.O. §25 Rn.26; in diesem Fall dürfte allerdings nicht §25 Abs.1 SGBX einschlägig sein; vielmehr ist Akteneinsicht nach pflichtgemäßem Ermessen zu gestatten, vgl. VG Lüneburg, U. v. 25.08.2003, 4 A 54/01, juris Rn. 18.

56 Kopp/Ramsauer, Verwaltungsverfahrensgesetz, 24. Aufl. 2023, §29 Rn. 14.

57 BSG, U. v. 26.05.2011, B 14 AS 132/10 R, juris Rn. 27.

58 Siefert in: Schütze a.a.O., SGBX, §25 Rn. 14; die Rechtsprechung u.a. des Bundesverwaltungsgerichts zum Prüfungsrecht (z.B. BVerwG, B.v. 03.04.1997, 6 B 4/97, Buchholz 421.0 Prüfungswesen Nr. 379), wonach Musterlösungen nicht das konkrete Prüfungsverfahren betreffen und damit vom Akteneinsichtsrecht nicht das Recht auf Einsicht in die Musterlösung umfasst ist, dürfte dieser Rechtsauffassung nicht entgegenstehen. Denn hat der zuständige kommunale Sozialhilfeträger (§3 Abs.2 Satz1 SGBXII) bzw. dessen Organe (Gemeinde-/Stadt- oder Kreistag) einen Beschluss über die Angemessenheitsgrenzen gefasst, ist dieser für die Verwaltung bindend – anders als bei der Musterlösung, die nur unverbindliche Hinweise für die Lösung der einzelnen Prüfungsaufgabe gibt; zweifelnd Hessisches LSG, B.v. 07.11.2014, L 6 AS 722/14 B ER, juris Rn. 27 zur Einsichtnahme in innerdienstliche Weisungen bzw. ermessenslenkende Richtlinien.

ten[59]. Ausgenommen von dem Anspruch auf Akteneinsicht ist bis zum Abschluss des Verwaltungsverfahrens die Einsicht in Entwürfe zu Entscheidungen sowie die Arbeiten zu ihrer unmittelbaren Vorbereitung (§ 25 Abs. 1 Satz 2 SGB X).

Der Berechtigte hat einen Rechtsanspruch auf Akteneinsicht (§ 25 Abs. 1 Satz 1 SGB X). § 25 Abs. 2 SGB X eröffnet der zuständigen Behörde Ermessen bzgl. der Modifikation der Kenntnisgabe des Akteninhalts. Schließlich kann wegen berechtigter Interessen der Beteiligten oder dritter Personen die Akteneinsicht abgelehnt werden (z. B. unterhaltspflichtige Eltern gegenüber erwachsenen Eingliederungshilfeberechtigten).

Grundsätzlich erfolgt die Akteneinsicht in den Räumen der aktenführenden Behörde (§ 25 Abs. 4 Satz 1 SGB X). Nach Ermessen (§ 25 Abs. 4 Satz 2 SGB X) kann Akteneinsicht auch an anderer Stelle gestattet werden. Begehrt ein Rechtsanwalt für seinen Mandanten Akteneinsicht, besteht nach der Rechtsprechung des Bundesverfassungsgerichts jedenfalls ein Anspruch auf willkürfreie Entscheidung über die Akteneinsicht und deren Durchführung[60]. Ein Rechtsanspruch auf Übersendung der Akten in die Kanzleiräume eines Rechtsanwalts besteht allerdings nicht[61]. Trotz des nie auszuschließenden Risikos, dass die Originalakten verloren gehen oder beschädigt werden[62], wird es regelmäßig ermessensgerecht sein, einem Rechtsanwalt Akteneinsicht durch Übersendung der Akten in die Kanzleiräume zu gewähren. Werden Akten verspätet oder unvollständig zurückgegeben, ist dies bei einem erneuten Antrag desselben Antragstellers zu berücksichtigen. Die Einsicht in elektronische Akten richtet sich nach § 25 Abs. 5 Satz 2 SGB X.

Ebenfalls nach pflichtgemäßem Ermessen ist die Dauer der Überlassung der Akten zu bestimmen. Die Durchsicht der Akte(n) und ggf. die Anfertigung von Kopien wird regelmäßig in drei bis fünf Werktagen erfolgen können.

---

59 BSG, B. v. 30.11.1994, 11 RAr 89/94, NJW 1995, 1447.

60 BVerfG, B. v. 14.09.2011,2 BvR 449/11, NJW 2012, 141; Siefert in: Schütze a. a. O., § 25 Rn. 40 liest aus dem genannten Beschluss des Bundesverfassungsgerichts heraus, dass bei anwaltlicher Vertretung in der Regel eine Überlassung der Akten in dessen Räumlichkeiten geboten sein wird.

61 BayVGH, B. v. 19.04.2013, 5 CE 13.643, BayVBl. 2014, 29, juris Rn. 10.

62 Siehe dazu BayVGH a. a. O.

! Muster 6: Begleitschreiben Akteneinsicht an Rechtsanwalt

An Herrn Rechtsanwalt …

Anlage: 1 Akte (Az.: ….) im Original gegen Rückgabe

Sehr geehrter Herr Rechtsanwalt …

entsprechend Ihres Antrages mit Schreiben vom 08.01.2024 übersenden wir die Akte (Az. …) zur Akteneinsicht für die Dauer von fünf Werktagen.

Mit freundlichen Grüßen

5.4.2 Akteneinsicht bei der Widerspruchsbehörde

Im Widerspruchsverfahren gilt § 25 Abs. 4 SGB X und damit der Grundsatz, dass Akteneinsicht bei der aktenführenden Behörde zu nehmen ist, nicht (§ 84a SGG). Ziel dieser Regelung ist ausweislich der Gesetzesbegründung[63], dass das Akteneinsichtsrecht im Widerspruchsverfahren wie im Gerichtsverfahren gewährt wird. § 120 Abs. 3 Satz 2 SGG bestimmt in den Fällen, in denen die Akten in Papierform geführt werden, dass nach Ermessen den in § 73 Abs. 2 Satz 1 und Satz 2 Nr. 3 bis 9 SGG genannten natürlichen Personen die Mitnahme der Akte in die Wohn- oder Geschäftsräume zu gestatten ist. Ebenso wie bei der Akteneinsicht bei der Ausgangsbehörde besteht nach Ansicht des Bundessozialgerichts kein Rechtsanspruch auf Übersendung der Akten in die Kanzleiräume eines Rechtsanwalts[64]. In gleicher Weise wie die Ausgangsbehörde wird die Widerspruchsbehörde ihr Ermessen jedenfalls bei einem Rechtsanwalt regelmäßig rechtmäßig dahingehend auszuüben haben, dass die Akten in die Kanzleiräume übersandt werden[65]. Die Einsicht in elektronische Akten richtet sich nach § 120 Abs. 2 SGG[66].

5.5 Tätigkeiten nach Erlass des Widerspruchsbescheids

Mit Erlass des Widerspruchsbescheids endet die durch die Vorlage des Widerspruchs ausgelöste Zuständigkeit der Widerspruchsbehörde. Anders als die Ausgangsbehörde kann die Widerspruchsbehörde – mangels Zustän-

63 BT-Drs. 11/7817, S. 143.

64 SG Berlin, B. v. 13.03.2008, S 48 SB 233/07, juris Rn. 2 unter Bezugnahme auf BSG, B. v. 28.07.1977, 5 BJ 124/77, SozR 1500 § 120 Nr. 1.

65 Keller in: Meyer-Ladewig/Keller/Schmidt a. a. O., § 120 Rn. 4.

66 Näher dazu Keller in: Meyer-Ladewig/Keller/Schmidt a.a.O., § 120 Rn. 6.

digkeit (vgl. §44 Abs. 3 SGB X) – als solche den Widerspruchsbescheid nicht nach den §§44 ff. SGB X aufheben[67]. Begehrt ein Widerspruchsführer nach Erlass des Widerspruchsbescheides, diesen zu ändern oder aufzuheben, kann die Widerspruchsbehörde dies mangels Zuständigkeit nicht tun. Eine Reaktion der Widerspruchsbehörde auf entsprechende »Anträge« ist gesetzlich nicht vorgeschrieben. Der Widerspruchsführer ist bereits mit der Rechtsbehelfsbelehrung auf seine Rechtsschutzmöglichkeiten hingewiesen worden. Aus Gründen der Bürgerfreundlichkeit[68] kann gleichwohl auf die fehlende Zuständigkeit der Widerspruchsbehörde hingewiesen werden.

! Muster 7: Hinweisschreiben Unzuständigkeit Widerspruchsbehörde

Sehr geehrter Herr …

Ihr Schreiben vom 15.12.2023, mit dem Sie darum bitten, den Widerspruchsbescheid vom 08.12.2014 inhaltlich dahingehend abzuändern, dass … haben wir erhalten.

Mit Zustellung des Widerspruchsbescheids hat die Regierung von Oberfranken allerdings ihre Zuständigkeit als Widerspruchsbehörde verloren, so dass wir aus rechtlichen Gründen daran gehindert sind, uns nochmals mit Ihrem Anliegen zu befassen.

Auf die Rechtsbehelfsbelehrung im Widerspruchsbescheid vom 08.12.2023 wird hingewiesen.

Mit freundlichen Grüßen

…

6. Die Beteiligten im Widerspruchsverfahren

Beteiligt am Widerspruchsverfahren sind der Widerspruchsführer und der Rechtsträger der Ausgangsbehörde[69]. In Bayern sind die kreisfreien Gemeinden und Landkreise örtliche (§3 Abs. 2 SGB XII) und die Bezirke über-

67 BVerwG, U. v. 11.05.1979, 6 C 70/78, BVerwGE 58, 100, juris Rn. 37

68 Siehe etwa §2 Abs. 1 AGO.

69 Dabei kann dahingestellt bleiben, ob sich die Beteiligteneigenschaft der Rechtsträger der Ausgangsbehörden aus §12 Abs. 1 Nr. 1 SGB X (Antragsgegner) ergibt oder spezieller in §63 Abs. 1 SGB X (Rechtsträger der Behörde, die den angefochtenen Verwaltungsakt erlassen hat) bzw. §84 Abs. 1 SGG (die Stelle, die den Verwaltungsakt erlassen hat) geregelt ist. §85 Abs. 3 Satz 1 und Satz 4 SGG erwähnt nur die Beteiligten, ohne zu definieren, wer Beteiligter ist.

örtliche (§ 3 Abs. 3 SGB XII) Sozialhilfeträger (Art. 80 Abs. 1 AGSG). Die Sozialhilfe ist (mit Ausnahme des 4. Kapitels des SGB XII) jeweils Aufgabe des eigenen Wirkungskreises (Art. 80 Abs. 2, 81 Abs 2 Satz 1 AGSG). Widerspruchsbehörden (aber nicht Beteiligte im Sinne des § 12 SGB X) in sozialhilferechtlichen Widerspruchsverfahren sind die (in Bayern insgesamt sieben) Regierungen als staatliche Mittelbehörden (Art. 80 Abs. 3 AGSG).

C. Zulässigkeit des Widerspruchs

Voraussetzung für die Sachentscheidung ist grundsätzlich ein zulässiger Widerspruch. Ist der Widerspruch unzulässig, ist weiter zu prüfen, ob das Zulässigkeitshindernis behoben werden kann. Ist der Widerspruch beispielsweise durch einen Vertreter ohne Vertretungsmacht erhoben worden, kann dies durch die Genehmigung des Leistungsberechtigten geheilt werden. Diese Genehmigung kann auch durch die Widerspruchsbehörde eingeholt werden.

Fehlen Zulässigkeitsvoraussetzungen und sind diese behebbar bzw. kann die Widerspruchsbehörde im Einzelfall (wie z.B. bei der Verfristung, dazu sogleich) gleichwohl in der Sache entscheiden, sollte die materiellrechtliche Lage geprüft werden[70], bevor der Widerspruch deshalb (als unzulässig) zurückgewiesen wird.

Denn wird der Widerspruch in der Sache keinen Erfolg haben (weil der angegriffene Verwaltungsakt rechtmäßig ist oder der geltend gemachte Anspruch nicht besteht), gebietet § 9 Satz 2 SGB X, den Widerspruch zügig als unzulässig zurückzuweisen. Wird der Widerspruch dagegen Aussicht auf Erfolg haben, dürfte es – auch angesichts des § 44 SGB X – regelmäßig ermessensgerecht sein, darauf hinzuwirken, dass Zulässigkeitshindernisse behoben werden und in die Sachprüfung eingetreten werden darf.

Dazu kommt noch, dass die Widerspruchsbehörde nach herrschender Meinung auch bei einem verfristeten Widerspruch in der Sache entscheiden kann[71]. Allein die Versäumung der Widerspruchsfrist hindert also eine Sachentscheidung nicht.

1. Vorliegen eines Widerspruchs

Das Sozialgerichtsgesetz verlangt nur, dass ein Widerspruch form- und fristgerecht eingelegt wird (§ 84 Abs. 1 SGG). Weitere formale oder inhaltliche Anforderungen stellt das Sozialgerichtsgesetz nicht. Nicht erforderlich ist, dass der Widerspruch als solcher bezeichnet wird, dass ein förmlicher Antrag gestellt wird und dass er begründet wird. Unzutreffende

70 Dieses Buch ist von der Praxis für die Praxis geschrieben. Selbstverständlich ist auch dem Verfasser bewusst, dass eine Sachentscheidung nur getroffen werden darf, wenn die Sachentscheidungsvoraussetzungen vorliegen. Für die Vorbereitung auf Prüfungen gleichgültig auf welcher Ebene sind diese Hinweise deshalb nicht zu empfehlen.

71 Keller in: Meyer-Ladewig/Keller/Schmidt a. a. O., § 85 Rn. 4.

Bezeichnungen (z.B. Einspruch statt Widerspruch) sind unschädlich, sofern sich nur der Wille des Widerspruchsführers ergibt, sich gegen den Verwaltungsakt wehren zu wollen.

Die Erhebung des Widerspruchs ist eine Willenserklärung. Es ist zunächst Sache des Widerspruchsführers, zu entscheiden (und dies mit der entsprechenden Willenserklärung zum Ausdruck zu bringen), ob und in welchem Umfang er sich durch eine Verwaltungsakt bzw. dessen Unterlassung in seinen Rechten verletzt fühlt (§ 54 Abs. 1 Satz 2 SGG).

2. Widerspruchsziel und Auslegung des Widerspruchs

Ist der Widerspruchserklärung eindeutig das Widerspruchsziel zu entnehmen, ist für eine Auslegung kein Raum. Nach der Rechtsprechung des Bundessozialgerichts werden mit einem Widerspruch im Zweifel alle Verfügungssätze des angefochtenen Verwaltungsaktes angegriffen[72]. Von einer Beschränkung des Widerspruchs darf daher nur dann ausgegangen werden, wenn sich dies eindeutig aus der entsprechenden Widerspruchserklärung ergibt. Bezieht sich beispielsweise die Begründung des Widerspruchs nur auf einen Teil des angegriffenen Bescheids, kann daraus nicht geschlossen werden, dass der Widerspruch inhaltlich beschränkt ist[73].

Ein Widerspruch kann aber auch auslegungsbedürftig sein. Erklärungen im Widerspruchsverfahren sind wie Prozesserklärungen entsprechend den für die Auslegung von Willenserklärungen geltenden allgemeinen Grundsätzen (§§ 133, 157 BGB) auszulegen[74].

Bei Unklarheiten und vor einer Auslegung ist gegebenenfalls der Inhalt bzw. Umfang des Widerspruchs durch Rückfrage beim Widerspruchsführer zu klären, zumal eine Kostenerstattung (§ 63 SGB X) nur in Betracht kommt, soweit der Widerspruch Erfolg hat.

Auslegungsbedürftig kann auch ein durch einen Rechtsanwalt eingelegter Widerspruch sein. Allerdings ist in diesem Fall ein strengerer Maßstab anzulegen[75].

Bei Widersprüchen bezüglich von Überprüfungsanträgen nach § 44 SGB X bestimmt der Antrag bei der Ausgangsbehörde den Umfang des Prüfauftrags an diese im Hinblick darauf, ob bei Erlass des Verwaltungsakts das

72 BSG, B. v. 31.01.2008, B 13 R 43/07 B, juris Rn. 6.

73 BSG, B. v. 31.01.2008 a. a. O.

74 VGH Baden-Württemberg, U. v. 07.01.2013, 2 S 2120/12, NVwZ-RR 2013, 398.

75 Kopp/Schenke a. a. O., § 88 Rn. 3.

Recht unrichtig angewandt oder von einem unrichtigen Sachverhalt ausgegangen worden ist[76]. Damit ist grundsätzlich auch der Umfang der Überprüfung durch die Widerspruchsbehörde festgelegt. Allerdings kann der Widerspruchsführer seinen Prüfauftrag nach der Rechtsprechung des Bundessozialgerichts noch während des Widerspruchsverfahrens erweitern (bis zum Abschluss des Widerspruchsverfahrens)[77].

3. Zuständigkeit der Widerspruchsbehörde (§ 85 Abs. 2 SGG)

Die Zuständigkeit der Widerspruchsbehörde richtet sich nach § 85 Abs. 2 SGG. Gemäß § 85 Abs. 2 Satz 1 Nr. 1 SGG[78] ist für die Durchführung des Widerspruchsverfahrens und für den Erlass des Widerspruchsbescheids die nächsthöhere Behörde zuständig. Ist die nächsthöhere Behörde eine oberste Bundes- oder oberste Landesbehörde, ist die Behörde zuständig, die den Verwaltungsakt erlassen hat. Nach § 85 Abs. 2 Satz 1 Nr. 4 SGG ist in Angelegenheiten der kommunalen Selbstverwaltung die Selbstverwaltungsbehörde für den Erlass des Widerspruchsbescheids zuständig, soweit nicht durch Gesetz anderes bestimmt wird. Örtliche Träger der Sozialhilfe sind gemäß § 3 Abs. 2 SGB XII die kreisfreien Städte und Landkreise. Die überörtlichen Träger werden durch Landesrecht bestimmt (in Bayern regelt Art. 81 Abs. 1 AGSG, dass die Bezirke überörtliche Träger sind[79]). Gemäß Art. 80 Abs. 2 AGSG[80] ist die Sozialhilfe Aufgabe des eigenen Wirkungskreises und damit eine Angelegenheit der kommunalen Selbstverwaltung nach § 85 Abs. 2 Satz 1 Nr. 4 SGG[81]. Art. 80 Abs. 3 AGSG bestimmt, dass die Regierungen als staatliche Mittelbehörden für die Entscheidung über Widersprüche im Sinn des § 83 SGG gegen Entscheidungen der Landkreise, kreisfreien Städte und Bezirke zuständig sind[82].

76 BSG, U. v. 13.02.2014, B 4 AS 22/13 R, juris Rn. 13.
77 BSG, U. v. 13.02.2014 a. a. O.
78 In Angelegenheiten nach dem Zweiten Buch Sozialgesetzbuch ist die spezielle Regelung des § 85 Abs. 2 Satz 2 SGG zu beachten.
79 Art. 1 der Bezirksordnung für den Freistaat Bayern – Bezirksordnung (BezO) in der Fassung der Bekanntmachung vom 22. August 1998 (GVBl S. 850), zuletzt geändert durch die §§ 6,7 des Gesetzes vom 24. Juli 2023 (GVBl S. 385).
80 Gesetz zur Ausführung der Sozialgesetze vom 8. Dezember 2006, zuletzt geändert durch § 1 des Gesetzes vom 7. Juli 2023 (GVBl S. 334), durch § 4 des Gesetzes vom 24. Juli 2023 (GVBl. S. 431) und durch § 2 des Gesetzes vom 24. Juli 2023 (GVBl S. 443).
81 Lowe in: Hintz/Lowe a. a. O., § 85 Rn. 13.
82 Die Regelung des § 85 Abs. 2 Satz 2 SGG spielt in Bayern keine Rolle.

4. Eröffnung des Sozialrechtswegs, § 51 SGG, § 62 Halbsatz 1 SGB X

Für förmliche Rechtsbehelfe gegen Verwaltungsakte gilt, wenn der Sozialrechtsweg gegeben ist, das Sozialgerichtsgesetz. Der Rechtsweg zu den Sozialgerichten ist u.a. eröffnet in Angelegenheiten der Sozialhilfe (§ 51 Abs. 1 Nr. 6a SGG). Eine Angelegenheit der Sozialhilfe ist jedenfalls gegeben, wenn die Möglichkeit besteht, dass der Anspruch des Klägers seine Grundlage im SGB XII hat[83]. Dafür ist die wahre Natur des Anspruchs entscheidend[84]. Darüber hinaus sind alle Streitfragen erfasst, die sich im Zusammenhang mit der Sozialhilfegewährung ergeben können[85].

5. Statthaftigkeit (§ 78 SGG)

Ein Widerspruch ist gemäß § 78 SGG nur statthaft, wenn vor Gericht eine Anfechtungs- (§ 78 Abs. 1 SGG) oder Verpflichtungsklage (§ 78 Abs. 2 SGG) zu erheben wäre. Für die Anfechtungsklage bzw. den Anfechtungswiderspruch ist damit Voraussetzung, dass ein Verwaltungsakt (§ 31 SGB X) vorliegt, der nicht erledigt ist (§ 39 Abs. 2 SGB X). Nach der Rechtsprechung des Bundessozialgerichts ist auch eine Aufrechnungserklärung (§ 26 Abs. 2 bis 4 SGB XII) als Verwaltungsakt zu sehen[86]. Statthaft ist der Widerspruch auch dann, wenn nur der äußeren Form nach (Bezeichnung als Bescheid, Erteilung einer Rechtsbehelfsbelehrung) ein Verwaltungsakt vorliegt[87].

Behördliche Verfahrenshandlungen (z.B. Aufforderung zur Vorlage von Kontoauszügen) können grundsätzlich nicht bzw. nur unter den Voraussetzungen des § 56a Satz 2 SGG isoliert gerichtlich angegriffen werden (§ 56a Satz 1 SGG).

Im Bereich des Sozialhilferechts (§§ 9, 28 SGB I, SGB XII) ist die kombinierte Anfechtungs- und Leistungsklage gemäß § 54 Abs. 4 SGG die am häufigsten vorkommende Klageart[88]. Dementsprechend ist der kombinierte Anfechtungs- und Leistungswiderspruch (vollständige oder teilweise Ablehnung einer beantragten Leistung, Widerspruch mit dem Ziel, die Leistung

83 Keller in: Meyer-Ladewig/Keller/Schmidt a.a.O. § 51 Rn. 33b.

84 VG Bayreuth, B. v. 17.03.2014, B 3 K 13.114, juris Rn. 15.

85 LSG Berlin-Brandenburg, B. v. 21.02.2007, L 23 B 260/06 SO, juris Rn. 12 unter Berufung auf OVG Niedersachsen, B. v. 21.06.2005, 4 OB 193/05, NVwZ 2005, 1097.

86 BSG, U. v. 25.03.1982,10 RKg 2/81, BSGE 53, 208.

87 LSG Sachsen-Anhalt, B. v. 11.06.2013, L 5 AS 290/13 B, juris Rn. 20.

88 Waschull/Freudenberg in: Brand, Praxis des Sozialrechts, 2. Aufl. 2011, Rn. 1564.

überhaupt oder in der beantragten Höhe zu bekommen) der Regelfall der mit Sozialhilferecht befassten Ausgangs- oder Widerspruchsbehörde. Der reine Anfechtungswiderspruch ist statthaft bei der Entziehung von Leistungen wegen fehlender Mitwirkung (§ 66 Abs. 1 Satz 1 SGB I) oder beim Vorgehen gegen die Befristung einer Sozialleistung[89]. Regelmäßig ist ein Widerspruch also dann statthaft, wenn bereits ein (teilweise) ablehnender Verwaltungsakt ergangen, d.h. bekannt gemacht worden und noch wirksam (§ 39 Abs. 2 SGB X) ist[90].

Ein Untätigkeitswiderspruch ist ebenso wie ein Feststellungswiderspruch unzulässig.

! Muster 8: Widerspruch unzulässig, weil kein Verwaltungsakt vorliegt[91]

1. Der Widerspruch ist unzulässig. Voraussetzung für einen zulässigen Anfechtungswiderspruch wäre nach § 78 Sozialgerichtsgesetz – SGG –, dass es sich bei dem Schreiben vom 28.02.2024 um einen Verwaltungsakt i.S. des § 31 Sozialgesetzbuch X – SGB X – handelt. Es fehlt aber an der rechtlichen Regelung. Diese liegt nur in dem oben erwähnten gerichtlichen Vergleich. Selbst wenn man in der in Erfüllung des Vergleichs erklärten Aufrechnung durch den Bezirk ... einen Verwaltungsakt sehen würde, führte dies nicht zur Zulässigkeit des Widerspruchs, weil der Bezirk ... in dem erwähnten Schreiben vom 28.02.2024 lediglich die künftige »Kürzung« des Betrages ankündigt.

Hilft die Ausgangsbehörde dem Widerspruch nach Vorlage an die Widerspruchsbehörde aber vor Erlass des Widerspruchsbescheides ab, wird der Widerspruch mangels Vorliegens eines noch aufhebbaren Verwaltungsaktes unzulässig. Denn entweder hat die Ausgangsbehörde den angegriffenen Verwaltungsakt ausdrücklich aufgehoben oder es liegt in der Abhilfeentscheidung regelmäßig eine konkludente Aufhebung des angefochtenen Verwaltungsakts[92].

---

89 SG Aachen, U. v. 27.07.2012, S 19 SO 66/11, openjur.de, Rn. 15.

90 B. Schmidt in: Meyer-Ladewig/Keller/Schmidt a. a. O., 83 Rn. 3.

91 Die zuständige Behörde kündigte in einem Schreiben an, eine in einem gerichtlichen Vergleich vereinbarte Aufrechnung ab einem bestimmten Datum vorzunehmen. Der Widerspruchsführer war der Auffassung, die Aufrechnung dürfe erst ab einem späteren Zeitpunkt vorgenommen werden.

92 B. Schmidt in: Meyer-Ladewig/Keller/Schmidt a. a. O., § 85 Rn. 2 d a. E.

6. Widerspruchsbefugnis (§ 54 Abs. 1 Satz 2 SGG analog[93])

Ebenso wie beim Widerspruch nach der Verwaltungsgerichtsordnung muss der Widerspruchsführer geltend machen, durch den angegriffenen Verwaltungsakt in eigenen Rechten verletzt zu sein bzw. durch einen unzweckmäßigen Verwaltungsakt selbst betroffen zu sein[94]. Sofern der Inhaltsadressat des angegriffenen Bescheids (beim Anfechtungswiderspruch) selbst Widerspruch erhebt, ist die Widerspruchsbefugnis unter Anwendung der Adressatentheorie[95] anzunehmen[96]. Beim Verpflichtungs- bzw. Leistungswiderspruch darf es nicht vollkommen ausgeschlossen sein, dass dem Widerspruchsführer der geltend gemachte Anspruch oder zumindest ein Anspruch auf ermessensfehlerfreie Entscheidung (etwa in den Fällen des § 17 Abs. 2 SGB XII) zusteht.

7. Beteiligungsfähigkeit, § 10 SGB X

Fähig, an einem Widerspruchsverfahren beteiligt zu sein, sind gemäß § 10 SGB X natürliche und juristische Personen, Vereinigungen, soweit ihnen ein Recht zustehen kann, und Behörden. Der Regelfall im Sozialrecht ist der Widerspruch durch eine oder mehrere natürliche Personen. Beispielsweise bei übergegangenen Rechten sind auch juristische Personen oder Vereinigungen beteiligt. Zu den Vereinigungen nach § 10 Nr. 2 SGB X zählen z. B. Erbengemeinschaften (§§ 2032 ff. BGB). Als juristische Person (§ 13 Abs. 1 GmbHG) kann beispielsweise ein in Form der GmbH betriebenes Pflegeheim nach § 19 Abs. 6 SGB XII übergegangene Ansprüche im Widerspruchsverfahren geltend machen.

8. Handlungsfähigkeit, § 11 SGB X

Fähig zur Vornahme von Verfahrenshandlungen (= Handlungsfähigkeit) sind die in § 11 Abs. 1 SGB X genannten Personen. Handlungsfähigkeit ist die Fähigkeit, wirksam Verfahrenshandlungen vornehmen zu können. Dazu gehören Abgabe und Entgegennahme von Verfahrenshandlungen[97].

---

93 BSG, U. v. 17.10.2007, B 6 KA 42/06 R, BSGE 99, 145, juris Rn. 16.
94 B. Schmidt in: Meyer-Ladewig/Keller/Schmidt a. a. O., 83 Rn. 3.
95 BVerwG, B. v. 18.06.2014, 3 B 28/14, ZOV 2014, 173, juris Rn. 11.
96 B. Schmidt in: Meyer-Ladewig/Keller/Schmidt a. a. O., § 83 Rn. 3.
97 Roller in: Schütze a. a. O., § 11 Rn. 4.

8.1 Handlungsfähigkeit natürlicher Personen

Handlungsfähig sind natürliche Personen, die nach bürgerlichem Recht geschäftsfähig sind (§ 11 Abs. 1 Nr. 1 SGB X). Grundsätzlich ist jeder Volljährige geschäfts- und damit auch handlungsfähig (§ 2 BGB). Geschäftsunfähig ist gemäß § 104 Nr. 1 BGB, wer nicht das siebente Lebensjahr vollendet hat bzw. (§ 104 Nr. 2 BGB) wer sich in einem die freie Willensbestimmung ausschließenden Zustand krankhafter Störung der Geistestätigkeit befindet, sofern nicht der Zustand seiner Natur nach ein vorübergehender ist. Der Widerspruch eines Geschäftsunfähigen ist damit unzulässig. Bei Zweifeln an der Geschäftsfähigkeit sind von Amts wegen Ermittlungen anzustellen (§ 20 SGB X[98]). Da es sich um eine medizinische[99] Frage handelt, wird die Geschäftsunfähigkeit regelmäßig nur durch einen Mediziner (Psychiater[100]) festgestellt werden können[101].

Natürliche Personen, die nach bürgerlichem Recht in der Geschäftsfähigkeit beschränkt sind, sind handlungsfähig, soweit sie für den Gegenstand des Verfahrens durch Vorschriften des bürgerlichen Rechts als geschäftsfähig oder durch Vorschriften des öffentlichen Rechts als handlungsfähig anerkannt sind. Ein Minderjähriger, der das siebente Lebensjahr vollendet hat, ist nach Maßgabe der §§ 107 bis 113 BGB in der Geschäftsfähigkeit beschränkt. Gemäß § 107 BGB bedarf ein Minderjähriger zu einer Willenserklärung, durch die er nicht lediglich einen rechtlichen Vorteil erlangt, der Einwilligung seines gesetzlichen Vertreters. Die Geltendmachung von Leistungen nach dem SGB XII ist nach der Rechtsprechung des Bundessozialgerichts bereits deshalb nicht lediglich rechtlich vorteilhaft, weil eine Leistungsgewährung zum Erlöschen der Forderung führt. Allerdings sind nach der spezielleren Vorschrift des § 36 Abs. 1 SGB I Personen, die das fünfzehnte Lebensjahr vollendet haben, insoweit handlungsfähig, als sie Anträge auf Sozialleistungen (§ 11 Satz 1 SGB I) stellen und verfolgen sowie Sozialleistungen entgegennehmen können. Diese Handlungsfähigkeit kann allerdings von dem gesetzlichen Vertreter durch schriftliche Erklärung gegenüber dem Leistungsträger eingeschränkt werden (§ 36 Abs. 2 Satz 1 SGB I). Bei der Rücknahme von Anträgen, dem Verzicht auf Sozialleistungen und der Entgegennahme von Darlehen bedarf der Minderjährige immer der Zustimmung des gesetzlichen Vertreters (§ 36 Abs. 2 Satz 2 SGB I).

Ein von einem Handlungsunfähigen erhobener Widerspruch ist unzulässig.

98 BGH, U. v. 09.01.1996, VI ZR 94/95, NJW 1996, 1059, juris Rn. 10.
99 Palandt-Ellenberger, BGB, 81. Aufl. 2022, § 104 Rn. 3.
100 Siefert in: Schütze a. a. O. § 11 Rn. 6.
101 BGH, U. v. 05.06.1981, V ZR 11/80, NJW 1981, 2578.

8.2 Handlungsfähigkeit von Vereinigungen bzw. von juristischen Personen

Für juristische Personen und Vereinigungen (§ 10 Nr. 2 SGB X) handeln ihre gesetzlichen Vertreter oder besonders Beauftragte (§ 11 Abs. 1 Nr. 3 SGB X). Behörden sind durch ihren Leiter, deren Vertreter oder Beauftragten handlungsfähig (§ 11 Abs. 1 Nr. 4 SGB X).

9. Vertretung

Bei der Vertretung ist zwischen gesetzlicher Vertretung (für geschäftsunfähige oder unter Betreuung stehende Menschen) und gewillkürter Vertretung zu unterscheiden. Eine § 38 SGB II vergleichbare Regelung (= gesetzliche Vermutung einer Vertretungsbefugnis) gibt es für das SGB XII nicht[102].

9.1 Gesetzliche Vertretung

9.1.1 Gesetzliche Vertretung eines Minderjährigen

Ein Geschäftsunfähiger wird von seinem gesetzlichen Vertreter vertreten[103]. Ein Minderjähriger zwischen Vollendung des siebenten Lebensjahres (§ 104 Nr. 2 BGB) und vor Vollendung des fünfzehnten Lebensjahres (§ 36 Abs. 1 SGB I) wird von seinen Eltern (i. d. R. gemeinsam) vertreten (§ 1629 Abs. 1 Satz 2 Halbsatz 1 BGB). Für Minderjährige zwischen der Vollendung des fünfzehnten Lebensjahres und der Volljährigkeit gilt § 11 Abs. 1 Nr. 2 SGB X.

9.1.2 Gesetzliche Vertretung durch einen Betreuer

Die Geschäftsfähigkeit ist von einer gerichtlich angeordneten Betreuung (§§ 1814 ff. BGB) zu unterscheiden. Die Bestellung eines Betreuers als solche lässt die Geschäftsfähigkeit des Betreuten unberührt. Sie hat nur zur Folge, dass der Betreuer im Rahmen des Aufgabenkreises, für den er bestellt wurde, kraft Gesetzes Vertretungsmacht für den Betreuten hat, also als dessen gesetzlicher Vertreter auftreten kann (§ 1823 BGB). Ist der Betreute geschäftsfähig (§ 104 Nr. 2 BGB), ist er auch dann, wenn er unter Betreuung steht, handlungsfähig und kann wirksam Widerspruch einlegen. Eine Ausnahme besteht nur, wenn der Gegenstand des Widerspruchsverfahrens von einem Einwilligungsvorbehalt (§ 1825 BGB) betroffen ist (was allerdings bezüglich Grundsicherungsleistungen nicht vorkommen dürfte).

102 Peters in: Mergler/Zink, Handbuch der Grundsicherung und Sozialhilfe, § 38 SGB II Rn. 1.
103 Siefert in: Schütze a. a. O., § 11 Rn. 7.

Ein von einem Handlungsunfähigen erhobener Widerspruch ist unzulässig. Allerdings kann der Handlungsunfähige selbst (wenn er seine Handlungsfähigkeit wieder erlangt), sein gesetzlicher Vertreter oder sein Bevollmächtigter (vgl. §13 Abs.2 SGB X) die Widerspruchserhebung genehmigen[104]. Durch die Genehmigung wird die unzulässige Widerspruchserhebung, und zwar auch noch nach Ablauf der Widerspruchsfrist – mit Rückwirkung –, geheilt (§89 Abs.2 ZPO entsprechend)[105].

Ist allerdings ein Betreuer bestellt, und vertritt dieser den Betreuten tatsächlich im Widerspruchsverfahren, ist der Betreute kraft gesetzlicher Fiktion (nur für das Widerspruchsverfahren) als nicht handlungsfähig anzusehen (§11 Abs.3 SGB X i.V.m. §53 ZPO)[106], d.h., er kann in dem konkreten Widerspruchsverfahren weder wirksam Erklärungen abgeben noch entgegennehmen. Die Bestellung zum Betreuer wird durch Vorlage der entsprechenden Bestellungsurkunde (§290 FamFG) nachgewiesen. Aus der Bestellungsurkunde ist auch ersichtlich, ob die Vertretung vor Behörden und Gerichten zum Aufgabenkreis (§1815 Abs.1 BGB) des Betreuers gehört (§290 Nr.3 FamFG)[107].

9.2 Gewillkürte Vertretung

Im Gegensatz zur spezialgesetzlich geregelten Vertretung in den Fällen der gesetzlichen Vertretungsmacht (z.B. §1629 Abs.1 BGB, §1823 BGB) regelt §13 SGB X die gewillkürte Vertretung. Die erteilte Vertretungsmacht wird mit einer Vollmachtsurkunde dokumentiert (§13 Abs.1 Satz 2 SGB X).

9.2.1 Erteilung der Vollmacht, Form, Vollmachtsurkunde

Die Erteilung einer Vollmacht ist eine Willenserklärung (§167 BGB), zu deren Wirksamkeit der Erklärende geschäftsfähig (s.o.) sein muss. Notwendig ist eine gesonderte Bevollmächtigung nur, wenn nicht bereits eine umfassende Vollmacht erteilt worden ist (z.B. Vorsorgevollmacht).

---

104 BVerwG, U. v. 13.04.1978, II C 5.74, Buchholz 237.2 §79 LBG Berlin Nr. 2.

105 BVerwG, U. v. 13.04.1978 a.a.O.

106 BSG, B.v. 10.07.2013, B 5 R 185/13 B, FamRZ 2013, 1801, juris Rn. 3.

107 Nach Auffassung des OLG Celle, B.v. 21.02.2012, 32 Ss 8/12, BtPrax 2012, 121 und des KG Berlin, B.v. 27.11.2007, 1 W 243/07, FamRZ 2008, 919 entspricht die allgemeine Anordnung der Vertretungsbefugnis gegenüber Behörden nicht dem bei der Betreuerbestellung zu beachtenden Erforderlichkeitsgrundsatz, weil sie zu weit gefasst und damit zu unbestimmt ist. Ein Betreuungsgericht habe regelmäßig bei der Bestimmung des Aufgabenkreises einen Bezug zu konkret bezeichneten Verwaltungs- und Gerichtsverfahren herzustellen. Für die Geltendmachung von Sozialleistungen dürfte diese Rechtsprechung keine Auswirkungen haben, weil nach Ansicht des OLG Celle die allgemeine Vertretungsbefugnis zwar auf Geschäfte des täglichen Lebens beschränkt ist, dazu aber u.a. auch die Beantragung von Sozialhilfe gehört.

Die Bevollmächtigung ist an keine bestimmte Form gebunden. Im Hinblick darauf, dass die Behörde einen schriftlichen Nachweis (§ 13 Abs. 1 Satz 3 SGB X) verlangen kann, empfiehlt es sich allerdings regelmäßig, die Vollmacht schriftlich zu erteilen. Die Behörde hat nach pflichtgemäßem Ermessen[108] zu entscheiden, ob sie die Vorlage einer schriftlichen Vollmacht verlangt, und kann für die Vorlage eine Frist setzen (§ 26 SGB X). Gerade bei Bevollmächtigten, bei denen ein gewisses Eigeninteresse am Ausgang des Widerspruchsverfahrens nicht ausgeschlossen werden kann (z. B. die Fälle, in denen Einrichtungen – im Namen ihres Klienten – Anträge auf Weitergewährung von Leistungen stellen oder sich gegen Kürzungen etc. wenden), ist die ordnungsgemäße Bevollmächtigung regelmäßig durch die (Widerspruchs-)Behörde sorgfältig zu prüfen. Bei bestimmten Bevollmächtigten wird angenommen, dass regelmäßig von einer Bevollmächtigung ausgegangen werden kann (z. B. Ehegatten, Rechtsanwälte[109]). Im Interesse einer wirksamen Bekanntgabe wird es – auch angesichts des geringen Aufwands für den betroffenen Vollmachtgeber – regelmäßig ermessensgerecht sein, die Vorlage einer Vollmacht zu verlangen.

Wird die Vollmacht nicht vorgelegt, ist die entsprechende Verfahrenshandlung schwebend unwirksam[110]. Sie kann allerdings von dem materiell-rechtlich Betroffenen (z. B. Antragsteller, Widerspruchsführer) (mit Rückwirkung) genehmigt werden (§§ 177, 184 BGB, § 89 Abs. 2 ZPO entsprechend). Die Behörde kann auch bezüglich der Genehmigung eine Frist setzen. Verstreicht diese fruchtlos, ist der Widerspruch als unzulässig gegenüber dem Vertreter ohne Vertretungsmacht zurückzuweisen[111]. Diesem sind auch die Kosten des Widerspruchsverfahrens aufzuerlegen. Hält man – im Hinblick auf § 12 SGB X – den »Vertretenen« für den richtigen Beteiligten und richtet man deshalb den (ablehnenden) Verwaltungsakt an ihn, entsteht das Problem, das das SGB X keine Vorschrift enthält, Kosten einem Nichtbeteiligten aufzuerlegen. Hält man aber den vollmachtlosen Vertreter nicht für beteiligt, sondern den »Vertretenen«, können dem vollmachtlosen Vertreter keine Kosten auferlegt werden.

108 LSG Rheinland-Pfalz, U. v. 30.04.2013, L 3 AS 98/13, juris Rn. 17.

109 Pietzner/Ronellenfitsch a. a. O. Rn. 1112, a. A. wohl BSG, U. v. 15.10.1981, 5b/5 RJ 90/80, BSGE 52, 245.

110 Roller in: Schütze a. a. O., § 13 Rn. 6a a. E.

111 BVerwG, B. v. 23.03.1989 – 1 C 63/79 – Buchholz 310 § 67 VwGO Nr. 55; a. A. BVerwG, B. v. 20.09.1974, III CB 54.71, Buchholz 310 § 67 VwGO Nr. 39; BVerwG, B. v. 25.09.2006, 8 KSt 1/06, Buchholz 310 § 67 VwGO Nr. 108.

! Muster 9: Zurückweisung eines Widerspruches durch einen Vertreter ohne Vertretungsmacht

1. Der Widerspruch ist unzulässig. Inhalts- und Bekanntgabeadressatin des angegriffenen Bescheides vom 20.09.2023 ist Frau Inge .... Der ... e.V. ist nach Aktenlage von ihr weder beauftragt noch bevollmächtigt worden, Widerspruch einzulegen, so dass er als vollmachtsloser Vertreter handelte. Der Rechtsbehelf eines vollmachtslosen Vertreters ist aber unzulässig (LSG Rheinland-Pfalz, U. v. 30.04.2013, L 3 AS 98/13; FG München, U. v. 24.09.2009, 14 K 3423/06). An diesem Ergebnis ändert sich auch nichts durch die Unterschrift des gesetzlichen Betreuers, Herrn Torsten .... Herr ... ist nach fernmündlicher Auskunft des Bezirks ... für die Aufgabenbereiche Gesundheitsfürsorge, Aufenthaltsbestimmung, Vermögenssorge und Unterbringung bestellt. Eine telefonische Rücksprache mit Herrn ... erbrachte nur die Information, dass dieser vom e.V. aufgefordert worden sei, den Widerspruch zu unterschreiben. Die gesetzliche Vertretungsmacht nach § 1823 BGB besteht aber nur im Rahmen der Aufgabenkreise, für die der Betreuer bestellt worden ist. Für den Aufgabenkreis Vertretung gegenüber Behörden ist Herr ... aber nicht bestellt.

9.2.2 Person des Bevollmächtigten

Bevollmächtigt werden kann grundsätzlich jede natürliche oder juristische Person. Bevollmächtigte, die entgegen § 3 des Rechtsdienstleistungsgesetzes Rechtsdienstleistungen erbringen, sind allerdings (durch die Widerspruchsbehörde) zurückzuweisen (§ 13 Abs. 5 SGB X). Nach Ermessen können Bevollmächtigte (mit Ausnahme der in § 73 Abs. 2 Satz 1 und 2 Nr. 3 bis 9 SGG genannten Personen) vom (mündlichen) Vortrag zurückgewiesen werden, wenn sie hierzu ungeeignet bzw. zum sachgerechten Vortrag nicht fähig sind (§ 13 Abs. 6 SGB X).

9.2.3 Inhalt der Vollmachtsurkunde

Die (für ein bestimmtes Verwaltungsverfahren erteilte) Vollmachtsurkunde sollte enthalten:

- Name und Anschrift des Vollmachtgebers
- Name und Anschrift des Bevollmächtigten
- Genaue Bezeichnung des Gegenstands des Verwaltungsverfahrens (z. B.: Antrag auf Grundsicherungsleistungen)
- Ggf. Einschränkungen des Umfangs der Vertretungsmacht (vgl. § 13 Abs. 1 Satz 2 SGB X: ohne Einschränkung ermächtigt die Vollmacht zur Vornahme von allen das Verwaltungsverfahren betreffenden Verfahrenshandlungen)

- Ggf. Erweiterung des Umfangs der Vertretungsmacht (die Vollmacht zur Vornahme von Verfahrenshandlungen ermächtigt z.B. nicht zur Entgegennahme von Sozialleistungen; sollen diese an den Bevollmächtigten für den Vollmachtgeber gezahlt werden, ist die Vollmacht entsprechend zu erweitern[112]).

! Muster 10: Vollmacht im sozialrechtlichen Widerspruchsverfahren

Hiermit erteilte ich, Erika Mustermann, Musterstraße 1, 77777 Musterstadt Herrn Stefan Mustermann, Musterstraße 1, 77777 Musterstadt die Vollmacht, mich gegenüber den zuständigen Behörden bezüglich meines Antrages auf Grundsicherungsleistungen zu vertreten.

9.2.4 Auswirkungen einer gewillkürten Vertretung auf das Widerspruchsverfahren

Tritt für einen Beteiligten ein Bevollmächtigter auf, muss sich die Behörde an ihn wenden (§ 13 Abs. 3 Satz 1 SGB X). Sie kann sich nach Ausübung pflichtgemäßen Ermessens auch an den Beteiligten selbst wenden, soweit dieser zur Mitwirkung verpflichtet ist (siehe §§ 61 ff. SGB I). Wendet sich die Behörde an den Beteiligten selbst, ist der Bevollmächtigte davon zu verständigen. Dies geschieht regelmäßig dadurch, dass dem Bevollmächtigten eine Abschrift des Schreibens an den Beteiligten zur Kenntnisnahme zugeleitet wird.

Auch bei Bekanntgabe/Zustellung des Widerspruchsbescheids ist eine vorgelegte Vollmacht zu beachten. Nach pflichtgemäßem Ermessen kann die Widerspruchsbehörde den Widerspruchsbescheid auch dem Bevollmächtigten bekannt geben (§ 37 Abs. 1 Satz 2 SGB X). Die Auswirkungen für den Fall der Zustellung richten sich nach dem jeweiligen Landesrecht (in Bayern ist gemäß Art. 8 Abs. 1 Satz 2 VwZVG an den Bevollmächtigten zuzustellen, wenn dieser eine schriftliche Vollmacht vorgelegt hat).

9.2.5 Erlöschen der Vollmacht

Eine für ein bestimmtes Verwaltungsverfahren erteilte Vollmacht erlischt mit dem Ende dieses Verwaltungsverfahrens[113], also spätestens mit der Bekanntgabe des Widerspruchsbescheids (§ 85 Abs. 3 SGG). Die Vollmacht erlischt ausdrücklich nicht mit dem Tod des Vollmachtgebers (§ 13 Abs. 2 SGB X) oder mit Veränderungen in seiner Handlungsfähigkeit oder seiner gesetzlichen Vertretung.

---

112 Roller in: Schütze a.a.O., § 13 Rn. 7 unter Bezugnahme auf Vogelsang in Hauck/Nofz, SGB X, § 13 Rn. 15.

113 Roller in: Schütze a.a.O., § 13 Rn. 8.

Ein Widerruf der Vollmacht wird gegenüber der Behörde erst wirksam, wenn er ihr zugeht (§ 13 Abs. 1 Satz 4 SGB X).

10. Ordnungsgemäße Einreichung des Widerspruches

10.1 Einhaltung der Widerspruchsfrist (§ 84 Abs. 1 SGG)

Die Widerspruchsfrist beträgt einen Monat ab Bekanntgabe des Verwaltungsaktes (§ 84 Abs. 1 Satz 1 SGG). Bei Bekanntgabe im Ausland beträgt die Frist drei Monate (§ 84 Abs. 1 Satz 2 SGG). Maßgeblich dafür, ob eine Bekanntgabe im In- oder Ausland erfolgt, ist der Ort, an dem der Widerspruchsbescheid dem Bekanntgabeadressaten bekannt gegeben wird[114].

Auch eine formell rechtswidrige Bekanntgabe löst die Widerspruchsfrist aus[115], da die Vorschrift gerade nicht auf eine wirksame Bekanntgabe abstellt.

Die reguläre einmonatige Widerspruchsfrist läuft allerdings nur, wenn eine zutreffende Rechtsbehelfsbelehrung erteilt worden ist (§ 84 Abs. 2 Satz 3 i.V.m. § 66 SGG). Fehlte eine Rechtsbehelfsbelehrung ganz oder wurde sie unrichtig erteilt, läuft die Jahresfrist des § 66 Abs. 2 SGG. Ein vor[116] Bekanntgabe des Verwaltungsakts eingereichter Widerspruch ist ebenso unzulässig wie ein nach Ablauf der Monatsfrist eingereichter Widerspruch. Ein vor Bekanntgabe eingelegter Widerspruch bleibt auch dann unzulässig, wenn der Bescheid durch nachträgliche Bekanntgabe wirksam wird[117]. Ist der Verwaltungsakt dem Widerspruchsführer gegenüber überhaupt nicht bekannt gemacht, läuft keine Widerspruchsfrist.

Für die Berechnung der Widerspruchsfrist gilt § 64 SGG[118].

10.1.1 Beginn der Widerspruchsfrist

Die Widerspruchsfrist beginnt (soweit jeweils nicht etwas anderes bestimmt ist) im Fall der Zustellung des Verwaltungsaktes mit dem Tag

114 Bayerisches LSG, B. v. 14.08.2009, L 1 R 604/09 B PKH.

115 A. A. Lowe in: Hintz/Lowe a. a. O., § 84 Rn. 11.

116 LSG Nordrhein-Westfalen, B. v. 10.02.2012, L 19 AS 2270/11 B.

117 LSG Nordrhein-Westfalen, B. v. 10.2.2012 a. a. O.

118 Bayerisches LSG, B. v. 14.08.2009, L 1 R 604/09 B PKH; BayLSG, B. v. 26.05.2009, L 11 AS 258/09 B PKH; BayLSG, U. v. 23.03.2004, L 5 KR 62/03; BSG, U. v. 28.05.1991,13/5 RJ 48/90, NVwZ 1993, 406; Binder in: Berchtold a.a.O., § 84 Rn. 11.; a. A. Hintz in: Hintz/Lowe a. a. O. SGG, § 64 Rn. 5 unter Hinweis darauf, dass § 84 SGG nicht auf § 64 SGG verweist und deshalb § 26 SGB X anzuwenden ist. Da die Regelung in § 64 Abs. 1 bzw. Abs. 2 Satz 1 SGG der in § 26 Abs. 1 SGB X i. V. m. §§ 187 ff. BGB, die Regelung in § 64 Abs. 2 Satz 2 SGG der in § 26 Abs. 1 SGB X i. V. m. § 188 Abs. 3 BGB und die Regelung in § 64 Abs. 3 derjenigen in § 26 Abs. 3 SGB X entspricht, kann auf eine Entscheidung verzichtet werden.

nach der Zustellung, im Fall der Bekanntgabe mit dem Tag nach der Eröffnung oder Verkündung (§ 64 Abs. 1 SGG).

Beispiel: Zustellung oder Bekanntgabe ist am 16.12.2014: die Widerspruchsfrist beginnt am 17.12.2014

10.1.2 Ende der Widerspruchsfrist

Die Widerspruchsfrist endet mit dem Ablauf des letzten Tages der Monatsfrist, welcher nach Benennung oder Zahl dem Tag der Zustellung oder Bekanntgabe entspricht (§ 64 Abs. 2 Satz 1 SGG).

Beispiel: Zustellung oder Bekanntgabe ist am 16.12.2014. Die Widerspruchsfrist beginnt am 17.12.2014 (s. o.) und endet am 16.01.2015.

Der Widerspruch ist fristgerecht, wenn er vor 24.00 Uhr des letzten Tages der Widerspruchsfrist eingereicht wird.

10.1.3 Verkürzung und Verlängerung der Widerspruchsfrist

In folgenden Konstellationen verkürzt bzw. verlängert sich die Widerspruchsfrist:

10.1.3.1 Verkürzung der Widerspruchsfrist

Fehlt dem auf den Monat der Zustellung bzw. Bekanntgabe folgenden Monat der Tag, welcher nach Benennung oder Zahl dem Tag der Zustellung oder Bekanntgabe entspricht, endet die Frist mit dem Monat (§ 64 Abs. 2 Satz 2 SGG).

Beispiel: Zustellung oder Bekanntgabe ist am 31.03.2015. Die Widerspruchsfrist beginnt am 01.04.2015 und endet eigentlich am 31.04.2015. Da der April aber nur 30 Tage hat, endet die Widerspruchsfrist am 30.04.

10.1.3.2 Verlängerung der Widerspruchsfrist

Fällt das Ende der Widerspruchsfrist auf einen Sonntag, einen gesetzlichen Feiertag oder einen Sonnabend, so endet die Frist mit dem Ablauf des nächsten Werktages. Die gesetzlichen Feiertage sind in den Feiertagsgesetzen der Länder bestimmt[119].

Beispiel: Zustellung oder Bekanntgabe am 25.11.2014. Die Widerspruchsfrist beginnt am 26.11.2014 und endete eigentlich am 25.12.2014. Da dies ein Feiertag ist, verlängert sich die Widerspruchsfrist bis zum nächsten Werktag, das ist der 29.12.2014.

119 Z.B. das Gesetz über den Schutz der Sonn- und Feiertag – Feiertagsgesetz (FTG) vom 21.05.1980, BayRS 111–3-I.

Für das Vorliegen eines Feiertages ist die Rechtslage an dem Ort, an dem der Widerspruch einzureichen ist, maßgeblich[120].

Beispiel: Zustellung oder Bekanntgabe am 08.07.2014. Fristbeginn ist am 09.07.2014, Fristende am 08.08.2014 (= Freitag). Ist der Widerspruch bei der Stadt Augsburg einzulegen, verlängert sich die Widerspruchsfrist auf den 11.08.2014, weil der 8. August in der Stadt Augsburg ein gesetzlicher Feiertag ist (Art. 1 Abs. 2 FTG).

Möchte dagegen ein Rechtsanwalt aus Augsburg im gleichen Fall fristgerecht einen Widerspruch gegen einen Verwaltungsakt des Landratsamts Ostallgäu einlegen, muss er dies spätestens bis zum 08.08.2014 beim Landratsamt Ostallgäu in Marktoberdorf tun.

Die Widerspruchsfrist kann nicht verlängert werden (Umkehrschluss aus § 26 Abs. 7 SGB X)[121].

10.2 Folgen einer Fristversäumung

Ein nicht innerhalb der Widerspruchsfrist eingereichter Widerspruch ist unzulässig. Nach der Rechtsprechung des Bundessozialgerichts hindert der Ablauf der Widerspruchsfrist die Widerspruchsbehörde allerdings nicht daran, über den Widerspruch in der Sache zu entscheiden[122]. Die Behörde hat insoweit Ermessen. Ermessen ist dem Zweck der Ermächtigung entsprechend auszuüben (vgl. § 39 Abs. 1 Satz 1 SGB I). Die Begründung muss insoweit die Gesichtspunkte erkennen lassen, von denen die Widerspruchsbehörde bei der Ausübung ihres Ermessens ausgegangen ist (§ 35 Abs. 1 Satz 3 SGB X). Das Bundessozialgericht hat das Ermessen bei der Entscheidung zwischen Zurückweisung des Widerspruchs als unzulässig und Eintritt in die Sachprüfung bei der Sachherrschaft der Widerspruchsbehörde verortet und als Folge des Verstreichens der Widerspruchsfrist nur angenommen, dass damit die Widerspruchsbehörde von der Verpflichtung befreit wird, in der Sache zu entscheiden[123]. Für eine Zurückweisung als unzulässig sprechen regelmäßig Gründe der durch die Bestandskraft vermittelten Rechtssicherheit. Ergeben dagegen bereits eine überschlägige Durchsicht des vorgelegten Verwaltungsaktes bzw. die Begründung des Widerspruches greifbare Anhaltspunkte dafür, dass dem Widerspruchsführer zustehende Sozialleistungen nicht oder nicht im rechtlich gebotenen Umfang bewilligt worden sind, spricht auch angesichts der Regelung in § 44 SGB X viel dafür, trotz Ablaufs der Wider-

120 BVerwG, B. v. 17.05.2006, 1 B 100/05, Buchholz 402.25 § 1 AsylVfG Nr. 328.
121 BSG, U. v. 28.05.1991, 13/5 RJ 48/90, NVwZ 1993, 406.
122 BSG, U. v. 12.10.1979, 12 RK 19/78, BSGE 49, 85.
123 BSG, U. v. 12.10.1979, 12 RK 19/78, BSGE 49, 85.

spruchsfrist in der Sache zu entscheiden und damit den Grundsätzen der Einzelfallgerechtigkeit und der Verwirklichung des materiellen Rechts den Vorzug zu geben. Ergibt umgekehrt eine überschlägige Prüfung, dass der ablehnende Verwaltungsakt zu Recht ergangen ist, spricht mehr für eine Zurückweisung aus formalen Gründen. Bei der Entscheidung ist auch zu berücksichtigen, dass mit einer Sachentscheidung durch die Widerspruchsbehörde (erneut) die Möglichkeit der Klage zum Sozialgericht eröffnet wird[124].

! Muster 11: Zurückweisung eines Widerspruchs

1. Der Widerspruch wird zurückgewiesen[125].

10.3 Ort der Widerspruchseinreichung

Der Widerspruch ist bei der Ausgangsbehörde einzureichen (§84 Abs.1 Satz1 SGG).

Gemäß §84 Abs.2 Satz1 SGG gilt die Frist auch dann als gewahrt, wenn der Widerspruch zwar nicht binnen der Monatsfrist bei der Ausgangsbehörde, aber bei einer anderen inländischen Stelle oder bei einer der in §84 Abs. 12 Satz1 genannten Stellen eingereicht worden ist. Zur Fristwahrung ist allerdings die Weitergabe an die Ausgangsbehörde erforderlich[126].

Bei unverschuldetem Fristversäumnis kann Wiedereinsetzung in die Widerspruchsfrist gewährt werden (§84 Abs.2 Satz3 SGG i.V.m. §67 SGG). Für die Wiedereinsetzung ist die Behörde zuständig, die auch die Sachentscheidung trifft. Die Wiedereinsetzung muss nicht ausdrücklich in den Tenor aufgenommen werden. Es genügt, wenn sich aus den Gründen ergibt, dass Wiedereinsetzung gewährt worden ist.

10.4 Form des Widerspruches (§84 Abs.1 SGG)

Der Widerspruch ist schriftlich, in elektronischer Form nach § 36a Abs. 2 SGB I, schriftformersetzend nach § 36 Abs. 2a SGB I und § 9a Abs. 5 des Onlinezugangsgesetzes oder zur Niederschrift einzureichen. Mit Schriftlichkeit sind nicht die Anforderungen des §126 BGB gemeint[127]. Eine eigenhändige Unterschrift ist damit grundsätzlich nicht erforderlich. Es kommt vielmehr darauf an, ob die Urheberschaft des Widerspruchs (Iden-

124 BSG, U. v.12.10.1979 a.a.O.

125 Auch ein unzulässiger Widerspruch wird nur »zurückgewiesen« und nicht etwa als »unzulässig« etc. zurückgewiesen oder »verworfen«.

126 Binder in: Berchtold a.a.O., § 84 Rn. 12.

127 BSG, U. v.16.11.2000, B 13 RJ 3/99 R, NJW 2001, 2492–2493.

tifikationsfunktion) und der Wille, den Widerspruch als öffentlich-rechtliche Willenserklärung in Verkehr zu bringen (Verkehrswille), erkennbar sind[128]. Deshalb wird regelmäßig die Angabe von Name (und Anschrift) und die Benennung der Entscheidung, gegen die sich der Widerspruchsführer wendet, erforderlich sein. Ggf. (etwa wenn mehrere Entscheidungen ergangen sind und nicht eindeutig feststellbar ist, gegen welche sich der Widerspruch richtet) hat die (Ausgangs- oder Widerspruchs-)Behörde nachzufragen (§ 20 SGB X).

Ein Widerspruch mit einfacher E-Mail ist dagegen nach wie vor formunwirksam[129].

Die Anforderungen an die Widerspruchseinreichung durch Niederschrift sind weder im SGG[130] noch im SGB X geregelt. Bezüglich des aufzunehmenden Inhalts und der einzuhaltenden Formalien kann auf allgemeine Vorschriften der Verwaltungsorganisation zurückgegriffen werden[131]. Bei der Aufnahme der Niederschrift ist, soweit der Widerspruchsführer nicht persönlich bekannt ist, die Identität des Erklärenden festzustellen[132].

Geht der Widerspruch innerhalb der Widerspruchsfrist aber unter Verstoß gegen die Formvorschriften bei der Widerspruchsbehörde ein, ist diese nicht verpflichtet, den Widerspruchsführer auf die unzureichende Form hinzuweisen[133]. Ein Irrtum des Widerspruchsführers über die Formwirksamkeit seines Widerspruchs geht zu seinen Lasten[134].

Weitere Anforderungen an die Form bzw. den Inhalt des Widerspruchs stellt das Gesetz nicht (anders § 92 SGG für die Klage zum Sozialgericht).

Insbesondere ist der Widerspruch vom Widerspruchsführer nicht zu begründen[135]. Es muss auch kein Widerspruchsziel formuliert und dazu ein

128 BSG, U. v. 16.11.2000, B 13 RJ 3/99 R a. a. O.; s. zu den Einzelheiten und zur Rechtsprechung, die sich vor allem mit den Veränderungen der Kommunikationsmittel befasst, die Übersicht bei B. Schmidt in: Meyer-Ladewig/Keller/Schmidt, a. a. O., § 84 Rn. 3.

129 Bayerisches LSG, B. v. 29.03.2011, L 8 AS 75/11, juris; Sächsisches LSG, B. v. 26.06.2012, L 7 AS 205/11 B ER; LSG Baden-Württemberg, U. v. 28.03.2023, L 13 AL 2213/21.

130 § 90 SGG bestimmt nur, dass die Klage zur Niederschrift des Urkundsbeamten der Geschäftsstelle erhoben werden kann.

131 In Bayern beispielsweise finden sich in § 19 der Allgemeinen Geschäftsordnung für die Behörden des Freistaats Bayern – AGO – (GVBl 2000, S. 873) Regelungen zur Aufnahme einer Niederschrift.

132 Hommel/Kumer in: Peters/Sautter/Wolff, Kommentar zur Sozialgerichtsbarkeit, Stand: 116. Lfg. August 2023, § 84 Rn. 115 zum Meinungsstand bzw. zur a. A.

133 VG Neustadt (Weinstraße), U. v. 09.07.2009, 4 K 409/09.NW, juris Rn. 27; a. A. Lowe in: Hintz/Lowe a. a. O. § 84 Rn. 8.

134 VG Neustadt (Weinstraße), U. v. 09.07.2009, 4 K 409/09.NW a. a. O.

135 B. Schmidt in: Meyer-Ladewig/Keller/Schmidt a. a. O., § 84 Rn. 2

bestimmter Antrag[136] gestellt werden. Gleichwohl sind regelmäßig die Angabe der Ausgangsbehörde und des Verwaltungsakts, gegen den sich der Widerspruch richtet, für die Bearbeitung des Widerspruchs zwingend erforderlich (es sei denn, der Widerspruchsführer ist nur Adressat eines Bescheides gewesen, dann wird ein Widerspruch auch ohne die entsprechende Angabe zuzuordnen sein).

Hat der Widerspruchsführer im Widerspruchsverfahren einen bestimmten Antrag gestellt, begrenzt dieser den möglichen Regelungsbereich für die Widerspruchsbehörde und schränkt gleichzeitig den Umfang der Untersuchungspflicht im konkreten Fall ein.

Entsprechend § 123 SGG ist die Widerspruchsbehörde zwar nicht an den Wortlaut eines Antrages gebunden[137]. Sie darf aber nicht über einen klar begrenzten Antrag hinausgehen[138]. Die durch den Antrag eingeschränkte Entscheidungsmöglichkeit für die Widerspruchsbehörde steht auch in Einklang mit dem Kenntnisgrundsatz des § 18 SGB XII. Denn diese Vorschrift zielt nur darauf ab, eine Antragstellung zur zwingenden Voraussetzung für Sozialleistungen zu machen. Aufgedrängt werden dürfen Sozialhilfeleistungen aber nicht[139]. Begrenzt wird die Dispositionsbefugnis des Widerspruchsführers im Widerspruchsverfahren aber durch die für den Verzicht auf Sozialleistungen geltenden Vorschriften (§ 46 Abs. 2 SGB I).

11. Sonstige Voraussetzungen für die Entscheidung über den Widerspruch

11.1 Sachbescheidungs- bzw. Widerspruchsinteresse

Als ungeschriebene Sachentscheidungsvoraussetzung[140] muss bei jedem auf Erlass eines Verwaltungsaktes gerichteten Verwaltungsverfahren ein Sachbescheidungs- bzw. Widerspruchsinteresse vorliegen. Der Widerspruchsführer muss ein schutzwürdiges Interesse an dem Erhalt eines Widerspruchsbescheids haben[141], d. h. den Widerspruchsbescheid für die Durchsetzung seiner Rechte benötigen[142]. Nicht verwechselt werden darf

136 B. Schmidt in: Meyer-Ladewig/Keller/Schmidt a. a. O., § 84 Rn. 2.
137 BSG, U. v. 26.02.1986, 9a RVs 4/83, BSGE 60, 11, juris Rn. 13
138 BSG, U. v. 26.02.1986 – 9a RVs 4/83 a. a. O.
139 Dauber in: Mergler/Zink, Handbuch der Grundsicherung und Sozialhilfe, Teil II, SGB XII, Werkstand: 60. Lfg. September 2023, § 18 Rn. 5.
140 BVerwG, U. v. 06.08.1996, 9 C 169/95, NVwZ 1997, 1136.
141 Kopp/Ramsauer a. a. O., § 79 Rn. 113 und § 22 Rn. 77 f.
142 Kopp/Ramsauer a. a. O., § 22 Rn. 77, 78.

das Sachbescheidungs- bzw. Widerspruchsinteresse mit den Erfolgsaussichten des Antrags. Regelmäßig liegt das Sachbescheidungs- bzw. Widerspruchsinteresse vor. Ausnahmen sind von der zuständigen Behörde zu beweisen[143].

11.2 Keine Erledigung des Widerspruchsverfahrens

Im Zeitpunkt des Erlasses des Widerspruchsbescheids muss ein noch nicht beschiedener Widerspruch bei der Widerspruchsbehörde vorliegen. Mit anderen Worten: Das Widerspruchsverfahren darf noch nicht beendet sein.

Das Widerspruchsverfahren endet außer mit dem Erlass des Widerspruchsbescheids, wenn der Widerspruch zurückgenommen wird, wenn auf den Widerspruch verzichtet wird oder wenn der Widerspruchsführer den Widerspruch für erledigt erklärt.

Bis zum Erlass des Widerspruchsbescheides steht es dem Widerspruchsführer aufgrund des das Widerspruchsverfahren bestimmenden Dispositionsgrundsatzes offen, dieses alternativ zu beenden. Als Verfahrenshandlungen sind Rücknahme, Verzicht und Erledigungserklärung bedingungsfeindlich, unwiderruflich und unanfechtbar[144]. Wird eine derartige Verfahrenshandlung vorgenommen, ist mit dem Zugang bei der Widerspruchsbehörde das Widerspruchsverfahren beendet und von der Widerspruchsbehörde durch deklaratorischen Beschluss einzustellen (entsprechend der Regelung in § 102 Abs. 3 Satz 1 SGG). Ist die Widerspruchsfrist bei Zugang der Rücknahmeerklärung bei der Widerspruchsbehörde abgelaufen, wird der angegriffene Verwaltungsakt bestandskräftig (§ 77 SGG).

Neben der deklaratorischen Einstellung des Widerspruchsverfahrens ist grundsätzlich noch über die Kosten zu entscheiden. Bei Rücknahme/Verzicht kommt ein Kostenerstattungsanspruch angesichts der §§ 63, 64 SGB X nicht in Betracht. Anders kann es bei einer Einstellung nach einer Erledigungserklärung sein. Sofern kein Anspruch auf Kostenerstattung des Widerspruchsführers besteht, wird in der Praxis das Widerspruchsverfahren mit einem einfachen Schreiben an den Widerspruchsführer bzw. seinen Bevollmächtigten beendet:

143 Wedekind, Das Widerspruchsverfahren in der Praxis, S. 88.

144 BVerwG, U. v. 31.03.1979, 6 C 10/78, BVerwGE 57, 342.

! Muster 12: Schreiben Einstellung Widerspruchsverfahren

Sehr geehrter Herr Rechtsanwalt Heim,

nachdem Sie mit Schreiben vom 18.12.2023 das Widerspruchsverfahren für erledigt erklärt haben, wird es hiermit eingestellt.

Mit freundlichen Grüßen

Dr. Széchényi

D. Widerspruchshäufung

Widerspruchshäufung kann in Form der subjektiven Widerspruchshäufung und in Form der objektiven Widerspruchshäufung auftreten. Subjektive Widerspruchshäufung liegt vor, wenn mindestens zwei Personen gemeinschaftlich Widerspruch einlegen (§ 74 SGG entsprechend i. V. m. §§ 59, 60 ZPO). Objektive Widerspruchshäufung ist gegeben, wenn mehrere Widerspruchsbegehren mit einem Widerspruch verfolgt werden (§ 56 SGG entsprechend). Die Zulässigkeit der subjektiven Widerspruchshäufung richtet sich nach den §§ 59, 60 ZPO. Im Sozialrecht kommt häufig der in § 60 ZPO geregelte Fall der subjektiven Widerspruchhäufung vor, nämlich das Geltendmachen von gleichartigen und auf im Wesentlichen gleichartigen tatsächlichen und rechtlichen Grund beruhenden Ansprüchen. Beantragen beispielsweise Eheleute Grundsicherungsleistungen, gibt es zwei Leistungsberechtigte und zwei entsprechende Verwaltungsakte. Legen die Eheleute gegen »den ablehnenden Bescheid« (in Wirklichkeit: die beiden ablehnenden Verwaltungsakte) Widerspruch ein, liegt subjektive und auch objektive Widerspruchshäufung vor.

Die Widerspruchshäufung sollte auch bei der Tenorierung beachtet werden (»Die Widersprüche … werden zurückgewiesen«/»Die Widerspruchsführer tragen die Kosten der Widerspruchsverfahren«).

Ist die subjektive oder objektive Widerspruchshäufung nicht zulässig, führt dies nicht dazu, dass die Widersprüche unzulässig sind. Vielmehr sind die Widersprüche zu trennen und einzeln zu bescheiden.

E. Begründetheit des Widerspruchs

Der Widerspruch ist begründet, wenn der angegriffene Verwaltungsakt formell oder materiell rechtswidrig oder unzweckmäßig ist und den Widerspruchsführer in eigenen Rechten verletzt[145] bzw. wenn der Widerspruchsführer Anspruch auf die (ganz oder teilweise verweigerte) Leistung hat.

1. Formelle Rechtmäßigkeit des Ausgangsverwaltungsakts

1.1 Zuständigkeit der Ausgangsbehörde

Die Ausgangsbehörde muss sachlich und örtlich zuständig gewesen sein. Die sachliche Zuständigkeit ist die gesetzlich festgelegte Zuweisung von Aufgaben in einem bestimmten Sachbereich[146]. Unter örtlicher Zuständigkeit versteht man den räumlichen Wirkungskreis, in dem die sachlich zugewiesenen Aufgaben wahrzunehmen sind[147]. Das SGB X selbst bestimmt weder die örtliche noch die sachliche Zuständigkeit. Das SGB XII regelt die sachliche und örtliche Zuständigkeit in den §§ 97 und 98. Örtliche Träger der Sozialhilfe sind die kreisfreien Städte und Kreise, sofern nicht nach Landesrecht etwas anderes bestimmt ist (§ 3 Abs. 2 Satz 1 SGB XII). Die überörtlichen Träger der Sozialhilfe werden durch Landesrecht bestimmt (§ 3 Abs. 3 SGB XII[148]). Die Zuständigkeit für den Vollzug der Vorschriften über die Grundsicherung im Alter und bei Erwerbsminderung (§§ 41 bis 46 b SGB XII) richtet sich gemäß § 46 b Abs. 1 SGB XII nach dem jeweiligen Landesrecht[149].

Hat eine örtlich unzuständige Behörde gehandelt, wird der Ausgangsbescheid gemäß § 42 Satz 1 SGB X nicht aufgehoben, wenn offensichtlich ist, dass die Verletzung der Vorschriften über die örtliche Zuständigkeit die

145 Kopp/Schenke a.a.O., § 68 Rn. 12.
146 Roller in: Schütze a. a. O., § 2 Rn. 5.
147 Roller in: Schütze a. a. O., § 2 Rn. 3.
148 In Bayern sind das gemäß Art. 80 Abs. 1 Satz 1 des Gesetzes zur Ausführung der Sozialgesetze (AGSG) die Bezirke als Selbstverwaltungskörperschaften des öffentlichen Rechts (Art. 1 der Bezirksordnung für den Freistaat Bayern – BezO –). Die sachliche Zuständigkeit der Bezirke ist in Art. 82 AGSG geregelt.
149 In Bayern sind gemäß Art. 81 Abs. 1 Satz 1 AGSG – vorbehaltlich des Art. 82 AGSG – die örtlichen Träger der Sozialhilfe sachlich zuständig. Örtlich zuständig ist gemäß Art. 81 Abs. 1 Satz 2 AGSG der Träger der Sozialhilfe, in dessen Bereich der gewöhnliche Aufenthalt des Leistungsberechtigten liegt.

Entscheidung in der Sache nicht beeinflusst hat. Bei gebundenen Entscheidungen sind Auswirkungen der Entscheidung durch die örtlich unzuständige Behörde ausgeschlossen, wenn in der Sache nicht anders hätte entschieden werden können[150]. Fehler bei der sachlichen Zuständigkeit sind dagegen immer beachtlich[151].

Da § 63 SGB X § 42 SGB X nicht erwähnt, hat der Widerspruchsführer auch dann die Kosten des Widerspruchsverfahrens zu tragen, wenn nur die Anwendung des § 42 Satz 1 SGB X dazu führt, dass der angefochtene Verwaltungsakt nicht aufgehoben wird.

1.2 Rechtmäßige Durchführung des Verwaltungsverfahrens vor der Ausgangsbehörde

Verfahrensvorschriften sind die Vorschriften, die das sozialrechtliche Verwaltungsverfahren von seiner Eröffnung bis zu der abschließenden Entscheidung regeln[152], die das Zustandekommen[153] eines Verwaltungsaktes betreffen.

Bei belastenden Verwaltungsakten ist der Betroffene zuvor anzuhören (§ 24 Abs. 1 SGB X), sofern nicht (nach entsprechender Ermessensausübung) davon abgesehen werden konnte (§ 24 Abs. 2 SGB X). Keine Anhörung ist erforderlich, wenn die Ausgangsbehörde einen Antrag auf Erlass eines begünstigenden Verwaltungsaktes ablehnt.

In der Regel wird ein Verwaltungsakt zu begründen sein (§ 35 Abs. 1 Satz 1 SGB X). In der Begründung sind die wesentlichen tatsächlichen und rechtlichen Gründe mitzuteilen, die die Behörde zu ihrer Entscheidung bewogen haben (§ 35 Abs. 1 Satz 2 SGB X). Das setzt voraus, dass das vom Betroffenen Vorgebrachte geprüft und hierauf schriftlich eingegangen wird[154]. Anhörung und Begründung sind die erste Stufe einer effektiven Wahrnehmung der Rechte eines Leistungsberechtigten. In den in § 35 Abs. 2 SGB X genannten Fällen bedarf es keiner Begründung. Eine fehlende Begründung macht einen Verwaltungsakt zunächst (nur) formell fehlerhaft. Wegen § 42 Satz 1 SGB X führt allerdings selbst ein vollständiger Begründungsausfall regelmäßig nicht zur Aufhebung eines Verwaltungsaktes. Fehlt die Begründung bei einer Ermessensentscheidung und ist

150 Schütze in: Schütze a. a. O., § 42 Rn. 12; ausführlich auch zur Kausalitätsbetrachtung bei Entscheidungen mit Ermessens- und Beurteilungsspielraum.

151 Schütze in: Schütze a. a. O., § 42 Rn. 5.

152 Kopp/Ramsauer a. a. O., § 46 Rn. 16.

153 Sachs in: Stelkens/Bonk/Sachs a. a. O., § 45 Rn. 1.

154 Bayerisches LSG, U. v. 06.06.2002, L 14 RA 11/02 juris Rn. 36.

auch tatsächlich kein Ermessen ausgeübt worden, ist der Verwaltungsakt (auch) materiell rechtswidrig.

Nach §41 Abs.1 SGBX können bestimmte Verfahrens- und Formfehler unbeachtlich werden. Die zuständige Behörde hat die Möglichkeit, eine fehlende Begründung oder eine unterbliebene Anhörung nachzuholen (§41 Abs.1 Nr.2, 3 SGBX). Eine fehlende Anhörung wird allerdings nur dann gemäß §41 Abs.1 SGBX unbeachtlich, wenn die zuständige Behörde erkennbar auf das Vorbringen des Betroffenen eingeht[155]. Die Durchführung des Widerspruchsverfahrens allein lässt einen Verfahrensmangel nicht unbeachtlich werden. Außerdem führt eine nachgeholte Anhörung nicht automatisch zu einer anderen Entscheidung in der Sache selbst. Es kommt häufig vor, dass auch nach dem Vorbringen des Betroffenen/des Widerspruchsführers im Ergebnis – aber eben nach Durchführung eines rechtmäßigen Verfahrens – an der Entscheidung der Ausgangsbehörde festzuhalten ist.

Sind deshalb im Verwaltungsverfahren vor der Ausgangsbehörde Verfahrensfehler gemacht worden, die unbeachtlich werden können, empfiehlt es sich, diese in den Gründen des Widerspruchsbescheids zu benennen und – im Fall der fehlenden Anhörung – darauf hinzuweisen, dass auch unter Berücksichtigung des Vorbringens im Rahmen der nachgeholten Anhörung kein Anspruch auf die Leistung besteht (etc.).

Unterlassene Verfahrenshandlungen können auch noch im Widerspruchsverfahren durch die Widerspruchsbehörde nachgeholt werden. §41 Abs.2 SGBX legt nur eine zeitliche Grenze für die Heilung der in §41 Abs.2 SGBX genannten Verfahrens- und Formfehler fest[156]. Im Übrigen können die Verfahrens- und Formfehler durch die Ausgangs- oder Widerspruchsbehörde inner- und außerhalb eines förmlichen Widerspruchsverfahrens behoben werden.

Hat ein Widerspruch allerdings nur deshalb keinen Erfolg, weil ein nach §41 Abs.1 SGBX heilbarer Verfahrens- oder Formfehler vorliegt, hat der Rechtsträger der Ausgangsbehörde die Kosten des Widerspruchsverfahrens zu tragen (§63 Abs.1 SGBX).

155 LSG Baden-Württemberg, U.v.10.07.2013, L 3 AS 2083/11, juris Rn.32.

156 Im verwaltungsgerichtlichen Verfahren ist dies regelmäßig die letzte mündliche Verhandlung vor dem Oberverwaltungsgericht (in Bayern: Bayerischer Verwaltungsgerichtshof), in sozialgerichtlichen Verfahren regelmäßig vor dem Landessozialgericht.

1.3 Formgerechter Erlass des Ausgangsverwaltungsaktes

Ein Verwaltungsakt kann schriftlich, elektronisch, mündlich oder in anderer Weise erlassen werden (§ 33 Abs. 2 Satz 1 SGB X: z. B. konkludent durch die Auszahlung von Sozialleistungen[157]). Ein mündlicher Verwaltungsakt ist schriftlich oder elektronisch zu bestätigen, wenn hieran ein berechtigtes Interesse besteht (§ 33 Abs. 2 Satz 2 SGB X). Ein elektronischer Verwaltungsakt ist unter denselben Voraussetzungen schriftlich zu bestätigen (§ 33 Abs. 2 Satz 3 erster HS SGB X). Die in § 40 Abs. 2 Nr. 1 und Nr. 2 SGB X genannten Formfehler führen zur Nichtigkeit. Formfehler nach § 41 Abs. 1 SGB X sind heilbar. Für andere Formfehler gilt § 42 Satz 1 SGB X.

2. Materielle Rechtmäßigkeit des Ausgangsbescheids

Im Widerspruchsverfahren ist die Rechtmäßigkeit eines Verwaltungsaktes nachzuprüfen (§ 78 Abs. 1 Satz 1, § 54 Abs. 2 Satz 1, 2 SGG), d. h. die Übereinstimmung der in dem Ausgangsverwaltungsakt getroffenen Regelung mit dem materiellen Recht. Auf Sozialleistungen besteht grundsätzlich ein Rechtanspruch (§ 38 SGB I, § 17 Abs. 1 SGB XII). Der Antragsteller muss ferner zum Kreis der Leistungsberechtigten gehören bzw. es dürfen anderweitige Sozialleistungen nicht vorrangig sein (§ 19 SGB XII). Der Nachranggrundsatz (§ 2 Abs. 1 SGB XII) stellt keinen eigenständigen Ablehnungsgrund dar[158].

Die Widerspruchsbehörde hat in vollem Umfang die Übereinstimmung des Ausgangsverwaltungsaktes mit dem materiellen Recht zu prüfen. Entscheidend für den Ausgang des Widerspruchsverfahrens ist damit, ob die Regelung dem materiellen Recht entspricht. Ist das der Fall, ist es (vorbehaltlich von Besonderheiten bei Ermessensentscheidungen) für den Ausgang des Widerspruchsverfahrens ohne Bedeutung, ob die Gründe des Ausgangsverwaltungsaktes zutreffend sind. Denn die Widerspruchsbehörde kann die Gründe vollständig auswechseln und die Entscheidung der Ausgangsbehörde auch mit einer anderen Begründung aufrechterhalten.

! Muster 13: Auswechseln der Gründe durch die Widerspruchsbehörde

1. Anspruch auf Grundsicherungsleistungen hat, wer seinen notwendigen Lebensunterhalt nicht aus Einkommen und Vermögen nach den §§ 82 bis 84 und 90 bestreiten kann (§ 41 Abs. 1 SGB XII). Die Voraussetzungen für den Bezug von

157 BSG, U. v. 30.10.2013, B 7 AY 7/12 R, juris Rn. 18.
158 BSG, U. v. 29.09.2009, B 8 SO 23/08 R, juris Rn. 20.

Grundsicherungsleistungen sind von dem zuständigen Sozialhilfeträger von Amts wegen zu ermitteln (§ 20 SGB X), wobei den Antragsteller und Leistungsberechtigten eine Mitwirkungspflicht trifft (§§ 60 ff. SGB I). Der Antragsteller hat nicht nur alle für die beantragten Leistungen erheblichen Tatsachen anzugeben, sondern auch entsprechende Nachweise vorzulegen (vgl. § 60 Abs. 1 Satz 1 Nr. 1 und 3 SGB I). Erfüllt der Antragsteller seine Mitwirkungspflichten nicht, kann der zuständige Sozialhilfeträger den Antrag wegen fehlender Mitwirkung ablehnen (§ 66 SGB I). Von dieser Ablehnung wegen fehlender Mitwirkung zu unterscheiden ist eine ablehnende Entscheidung nach den Grundsätzen der materiellen Beweislast: Gelingt es der Behörde unter Ausschöpfung der ihr zur Verfügung stehenden Mittel (§§ 20, 21 SGB X) nicht, den Sachverhalt aufzuklären und insbesondere die für die Leistungsgewährung entscheidenden Voraussetzungen zu ermitteln, geht diese Unaufklärbarkeit zu Lasten des Antragstellers (BayVGH, B. v. 01.02.2005, 12 CE 04.3314 unter Bezugnahme auf die einschlägige Rechtsprechung des BVerwG, U. v. 05.05.1983, 5 C 112/81).

Zum Einkommen gehören alle Einkünfte in Geld oder Geldeswert (Grube/Wahrendorf, SGB XII, § 82 Rn. 14). Einkommen sind allerdings nur Geldleistungen, die dem Leistungsberechtigten zur Bedarfsdeckung tatsächlich zur Verfügung stehen (Grube/Wahrendorf a. a. O., Rn. 29). Fiktive Einkünfte, wie sie dem Widerspruchsführer in dem angegriffenen Bescheid vom 14.01.2014 angerechnet werden, sind kein Einkommen, weil diese eben nicht zur Bedarfsdeckung zur Verfügung stehen (Grube/Wahrendorf a. a. O., Rn. 36). Ein eigenständiger Ablehnungsgrund (wegen mangelnder Erwerbsbemühungen) folgt nach der Rechtsprechung des Bundessozialgerichts auch nicht aus dem Nachranggrundsatz des § 2 Abs. 1 SGB XII (Grube/Wahrendorf a. a. O., § 2 Rn. 4 m. w. N.).

Der Widerspruch bleibt gleichwohl ohne Erfolg. Die Widerspruchsbehörde kann die Ablehnung einer beantragten Leistung auch auf andere als die von der Ausgangsbehörde vorgebrachten Gründe stützen (Rechtsgedanke des § 170 Abs. 1 Sozialgerichtsgesetz – SGG –). Im Ergebnis hat das Landratsamt … den Antrag des Widerspruchsführers zu Recht abgelehnt. Denn das entscheidende Tatbestandsmerkmal der Bedürftigkeit des Widerspruchsführers ist aus Sicht der Widerspruchsbehörde nicht nachgewiesen. Es kann gegenwärtig nicht festgestellt werden, ob und in welcher Höhe die nach Überzeugung der Widerspruchsbehörde vorhandenen Einnahmen zu berücksichtigen und anzurechnen sind. Die Aufklärungsmittel des zuständigen Sozialhilfeträgers sind nach Aktenlage erschöpft. Deshalb ist der Antrag des Widerspruchsführers (auch) durch die Widerspruchsbehörde nach den Grundsätzen der materiellen Beweislast (s. o.) abzulehnen.

Die Grundsätze der materiellen Beweislast sind auch im sozialrechtlichen Verwaltungsverfahren anwendbar. Nach dem Landessozialgericht Nordrhein-Westfalen, B. v. 23.07.2013, L 9 SO 225/13 B kommen diese Grundsätze vor allem dann zur Anwendung, wenn feststeht, dass Einkommen erzielt wird, jedoch die genaue Höhe nicht feststeht (siehe auch LSG NRW, B. v. 07.08.2013, L 9 SO 307/13 B Rn. 20 bei juris). Das Gericht führt in der genannten Entscheidung weiter aus, dass ohne wahrheitsgemäße und lückenlose Darlegung aller Einnahmen weitere Ermittlungen nicht in Betracht kommen. Das Sozialgericht Aachen, Urteil vom 23.10.2012, S 20 SO 91/11 hat entschieden (Rn. 27 bei juris), dass bei verbleibenden Unklarheiten und Zweifeln der Sozialhilfeträger zur Ablehnung berechtigt ist. Bloße Mutmaßungen seitens der Behörde reichen allerdings nicht aus (BVerwG, B. v. 22.07.2009, 5 B 45/09). Die Regierung von Oberfranken schließt sich dieser Rechtsprechung an.

2.1 Nebenbestimmungen

Ein Verwaltungsakt, auf den ein Anspruch besteht, darf mit einer Nebenbestimmung nur versehen werden, wenn sie durch Rechtsvorschrift zugelassen ist oder wenn sie sicherstellen soll, dass die gesetzlichen Voraussetzungen des Verwaltungsaktes erfüllt werden (§ 32 Abs. 1 SGB X). Bei Verwaltungsakten, auf die kein Rechtsanspruch besteht, können Nebenbestimmungen gemäß § 32 Abs. 2 SGB X nach pflichtgemäßem Ermessen erlassen werden[159]. In keinem Fall darf eine Nebenbestimmung dem Zweck des Verwaltungsaktes zuwiderlaufen (§ 32 Abs. 3 SGB X).

2.2 Bestimmtheit

Ein Verwaltungsakt muss inhaltlich hinreichend bestimmt sein (§ 33 Abs. 1 SGB X)[160]. Das Bestimmtheitserfordernis verlangt, dass der Verfügungssatz eines Verwaltungsaktes nach seinem Regelungsgehalt in sich widerspruchsfrei ist und den Betroffenen bei Zugrundelegung der Erkenntnismöglichkeiten eines verständigen Empfängers in die Lage versetzen muss, sein Verhalten daran auszurichten[161]. Mithin muss aus dem Verfügungssatz für die Beteiligten vollständig, klar und unzweideutig erkennbar sein, was die Behörde will[162]. Unbestimmt i. S. des § 33 Abs. 1

159 Engelmann in: Schütze a. a. O., § 32 Rn. 17.

160 Bei der inhaltlichen Bestimmtheit handelt es sich um eine Voraussetzung seiner materiellen Rechtmäßigkeit, BSG, U. v. 17.12.2009, B 4 AS 20/09 R, juris Rn. 13.

161 BSG, U v. 17.12.2009, B 4 AS 20/09 R, juris Rn. 13.

162 BSG, U v. 17.12.2009, B 4 AS 20/09 a. a. O.

SGB X ist ein Verwaltungsakt nur dann, wenn sein Verfügungssatz nach seinem Regelungsgehalt in sich nicht widerspruchsfrei ist und der davon Betroffene bei Zugrundelegung der Verständnismöglichkeiten eines verständigen Empfängers nicht in der Lage ist, sein Verhalten daran auszurichten[163]. Unschädlich ist, wenn zur Auslegung des Verfügungssatzes auf die Begründung des Verwaltungsaktes auf früher zwischen den Beteiligten ergangene Verwaltungsakte oder auf allgemein zugängliche Unterlagen zurückgegriffen werden muss[164]. Besonderes Augenmerk ist hinsichtlich der Bestimmtheit eines Verwaltungsaktes bei Rücknahme, Widerruf bzw. Aufhebung von Verwaltungsakten zu legen.

2.3 Rechtmäßige Ermessensausübung durch die Ausgangsbehörde

Gemäß § 54 Abs. 2 Satz 2 SGG ist Rechtswidrigkeit auch dann gegeben, soweit die Ausgangsbehörde ermächtigt ist, nach ihrem Ermessen zu handeln, wenn die gesetzlichen Grenzen dieses Ermessens überschritten sind oder von dem Ermessen in einer dem Zweck der Ermächtigung nicht entsprechenden Weise Gebrauch gemacht ist.

Über Art und Maß der Leistungserbringung ist im Bereich des SGB XII nach pflichtgemäßem Ermessen zu entscheiden (§ 17 Abs. 2 Satz 1 SGB XII). Die Ausgangsbehörde ist gemäß § 35 Abs. 1 Satz 3 SGB X verpflichtet, in der Begründung die Gesichtspunkte erkennen zu lassen, von denen sie bei der Ausübung ihres Ermessens ausgegangen ist. Fehlen insoweit Ausführungen, ist der Ausgangsverwaltungsakt zumindest verfahrensfehlerhaft. Hat tatsächlich keine Ermessensausübung stattgefunden, ist der Verwaltungsakt materiell rechtswidrig.

Ermessensentscheidungen haben die wesentlichen tatsächlichen und rechtlichen Gründe anzuführen und die Gründe für die auf diesen Gründen beruhende Ermessensausübung[165]. Formelhafte Wendungen reichen dafür nicht aus, weil dann nicht nachgeprüft werden kann, ob die Ausgangsbehörde von ihrem Ermessen überhaupt und gegebenenfalls in einer dem Zweck der ihr erteilten Ermächtigung (§ 39 Abs. 1 SGB I) entsprechenden Weise Gebrauch gemacht hat[166]. Erforderlich ist vielmehr eine auf den Einzelfall eingehende Darlegung, dass und welche Abwägung der einander gegenüberstehenden Interessen stattgefunden hat und welchen Erwägungen dabei die tragende Bedeutung zugekommen ist, damit dem Betroffenen bzw.

163 BSG, U v. 17.12.2009, B 4 AS 20/09 a. a. O.
164 BSG, U v. 17.12.2009, B 4 AS 20/09 a. a. O.
165 Bayerisches LSG, U. v. 25.02.2010, L 10 AL 296/07, juris Rn. 42.
166 Bayerisches LSG, U. v. 25.02.2010, L 10 AL 296/07 a. a. O.

der Widerspruchsbehörde oder dem Gericht die Prüfung ermöglicht wird, ob die Ermessensausübung den gesetzlichen Vorgaben entspricht[167]. Liegt ein Fall des intendierten Ermessens vor (wie zum Beispiel bei der Überleitung von Ansprüchen nach § 93 SGB XII[168]), sind keine hohen Anforderungen an die Begründung der Ermessensentscheidung zu stellen[169].

Wird die Ermessensausübung durch Richtlinien, Verwaltungsvorschriften etc. gesteuert, so ist dies nicht automatisch unzulässig. Entscheidend kommt es darauf an, ob bei der abstrakt-generellen Festlegung von Art und Maß der Leistungserbringung auf alle zu berücksichtigenden Faktoren eingegangen worden ist und ob die ermessenssteuernden Richtlinien etc. dem Sachbearbeiter im Einzelfall die Möglichkeit offenlassen, auf die Besonderheiten des Einzelfalls einzugehen.

! Muster 14: Ausführungen im Widerspruchsbescheid bei Überprüfung einer Ermessensentscheidung (Ermessen rechtmäßig)

1. Der grundsätzliche Leistungsanspruch der Widerspruchsführerin nach den §§ 53 ff. SGB XII steht fest. Der Bezirk … hat hier auch sein Ermessen bezüglich des Maßes der Leistungserbringung zutreffend ausgeübt (§ 17 Abs. 2 SGB XII). Er ist zu der Einschätzung, dass für den Bedarf der Widerspruchsführerin ein Betreuungsschlüssel von 1:4 ausreicht, aufgrund der Berücksichtigung aller Umstände des Einzelfalls gekommen und hat sich insbesondere auch durch einen Hausbesuch von den Lebensumständen der Widerspruchsführerin einen Eindruck verschafft. Die Widerspruchsführerin bzw. ihre Betreuerin haben diese ausführliche Würdigung nicht substantiiert angegriffen, sondern lediglich die nicht näher erläuterte Befürchtung geäußert, die Widerspruchsführerin werde in frühere Verhaltensmuster zurückfallen.

! Muster 15: Ausführungen im Widerspruchsbescheid bei Überprüfung einer Ermessensentscheidung (Ermessen rechtswidrig ausgeübt)

… Ein Ermessensausfall liegt jedoch hinsichtlich der drei Förderstunden vor. Es ist aus den vorgelegten Aktenauszügen und insbesondere aus der Stellungnahme des Sozialpädagogisch-medizinischen Fachdienstes vom 20.05.2014 nicht ersichtlich, welcher sachliche bzw. fachliche Grund es rechtfertigen könnte, diese Stunden von vorneherein auszuklammern. Gleiches gilt im Ansatz auch für die zwei Stunden WTG und den Religions- bzw. Ethikunterricht …

167 Bayerisches LSG, U. v. 25.02.2010, L 10 AL 296/07, juris Rn. 44
168 Bayerisches LSG, U. v. 25.11.2010, L SO 136/10, juris Rn. 35; offen gelassen vom Bayerischen LSG, U. v. 11.10.2013, L 8 SO 165/13, juris Rn. 26.
169 LSG NRW, B. v. 20.12.2006, L 20 B 135/06 SO ER, juris Rn. 23.

2.4 Maßgeblicher Zeitpunkt für die Beurteilung der Sach- und Rechtslage

Grundsätzlich ist die Sach- und Rechtslage im Zeitpunkt der Widerspruchsentscheidung maßgeblich (§ 95 SGG[170]). Insbesondere im in der Praxis sehr häufigen Fall des kombinierten Anfechtungs- und Leistungswiderspruchs kommt es für den Ausgang des Widerspruchsverfahrens darauf an, ob im Zeitpunkt der Entscheidung der Widerspruchsbehörde ein Rechtsanspruch (s. o.) auf die begehrte Leistung besteht. Wird beispielsweise eine Leistung wegen vorhandenen Vermögens abgelehnt, ist zu prüfen, ob dieses noch im Zeitpunkt der Widerspruchsentscheidung vorhanden ist. Parallel dazu ist die Widerspruchsbehörde nach der Rechtsprechung des Bundessozialgerichts auch zur Anwendung der §§ 44 bis 48 SGB X berechtigt (dazu sogleich).

2.5 Reformatio in peius (Verböserung)

Bei dem unter dem Stichwort »reformatio in peius« erörterten Problem geht es in der Sache darum, ob ein angegriffener Verwaltungsakt im Rahmen des Widerspruchsverfahrens über die vom Widerspruchsführer vorgebrachte Beschwer hinaus abgeändert werden darf. Greift ein Widerspruchsführer beispielsweise einen Rückforderungsbescheid an, so ist im Rahmen des Widerspruchsverfahrens neben der formellen auch die materielle Rechtmäßigkeit des Verwaltungsaktes zu prüfen. Diese setzt voraus, dass die Rückforderung auf einer Rechtsgrundlage beruht und auch der Höhe nach richtig bestimmt worden ist. Hält der Widerspruchsführer nun die Höhe für nicht zutreffend festgesetzt, und trifft dies nach Ansicht der Widerspruchsbehörde zu, wird sie die Höhe entsprechend neu festsetzen. Das Problem der Verböserung entsteht in dem genannten Fall erst dann, wenn die Widerspruchsbehörde feststellt, dass der Rückforderungsbetrag zu niedrig festgesetzt worden ist.

Nach einer gängigen Definition wird unter »reformatio in peius« die Änderung eines Verwaltungaktes innerhalb eines Rechtsbehelfsverfahrens zum Nachteil des Rechtsbehelfsführers verstanden[171]. Ausdrückliche Regelungen hierzu finden sich im SGG bzw. SGB X nicht. Das Bundessozialgericht hält die reformatio in peius für zulässig[172], sofern eine entspre-

170 LSG Baden-Württemberg, U. v. 10.07.2013, L 3 AS 2083/11, juris Rn. 36.

171 Pietzner/Ronellenfitsch a. a. O., Rn. 1217.

172 BSG, U. v. 22.08.1984, 7 RAr 46/84, juris Rn. 21.

chende Rechtsgrundlage vorhanden ist[173]. Diese ist insbesondere in den §§44 ff. SGBX zu finden[174]. Unproblematisch kann also die Ausgangsbehörde – ob außerhalb, anlässlich oder innerhalb eines Widerspruchsverfahrens – einen Verwaltungsakt nach den genannten Vorschriften aufheben. Da der Widerspruchsbehörde nach Vorlage des Widerspruchs die gleiche Sachentscheidungskompetenz zukommt wie der Ausgangsbehörde[175], ist sie in gleicher Weise wie die Ausgangsbehörde sachlich befugt (= zuständig)[176], und zwar unabhängig davon, ob sie über ein Selbsteintrittsrecht (z.B. Art. 3b BayVwVfG) verfügt[177].

Gemäß §24 SGBX ist der Widerspruchsführer vor einer Verböserung anzuhören.

Einer gesonderten Rechtsbehelfsbelehrung bedarf es im Fall der Verböserung durch die Widerspruchsbehörde nicht, da richtiger Beklagter selbst bei einer Anfechtungsklage nur gegen den Widerspruchsbescheid der Rechtsträger der Ausgangsbehörde wäre[178].

173 BSG, U.v. 02.12.1992, 6 RKa 33/90, BSGE 71, 274.
174 BSG, U.v. 02.12.1992, 6 RKa 33/90 a.a.O.
175 Lowe in: Hintz/Lowe a.a.O. §85 Rn. 18.
176 BSG, U.v. 22.08.1984, 7 RAr 46/84, juris Rn. 21; B. Schmidt in: Meyer-Ladewig/Keller/Schmidt a.a.O., §85 Rn. 5.
177 BVerwG, U.v. 29.08.1986, 7 C 51/84, NVwZ 1987, 215; a.A. BayVGH, U.v. 15.09.2005, 23 BV 05.1129, BayVBl 2006, 434, juris Rn. 28.
178 BayVGH, U.v. 23.05.1977, 99 XI/75, NJW 1978, 443.

F. Der Bescheidungswiderspruchsbescheid

1. Voraussetzungen für den Erlass eines Bescheidungswiderspruchsbescheids

§85 Abs.2 Satz1 SGG regelt seinem Wortlaut nach, dass – als Folge der Nichtabhilfe – ein Widerspruchsbescheid erlassen wird. Der Vergleich mit der entsprechenden Vorschrift in der Verwaltungsgerichtsordnung (§73 Abs.1 VwGO) zeigt, dass mit dieser Formulierung nur die sachliche Zuständigkeit der Widerspruchsbehörde bestimmt wird. Gleichwohl ergibt sich unter Berücksichtigung des §88 Abs.2 SGG, der bestimmt, dass Untätigkeitsklage auf Erlass eines Widerspruchsbescheids erhoben werden kann, dass die Widerspruchsbehörde zum Erlass eines Widerspruchsbescheids verpflichtet ist.

Gemäß §20 Abs.1 bzw. Abs.2 SGBX ist die Widerspruchsbehörde grundsätzlich verpflichtet, alle für die Entscheidung über den Widerspruch bedeutsamen Umstände zu ermitteln und den Widerspruch spruchreif zu machen[179], so dass abschließend in der Sache entschieden werden kann.

In bestimmten Fällen ist es allerdings zulässig, die Ausgangsbehörde lediglich zu verpflichten, über den Antrag erneut unter Beachtung der Rechtsauffassung der Widerspruchsbehörde zu entscheiden (Bescheidungswiderspruchsbescheid).

Ein Bescheidungswiderspruchsbescheid kann von der Widerspruchsbehörde insbesondere in folgenden Fällen erlassen werden:

→ wenn der Widerspruchsführer nur einen solchen beantragt[180],

→ wenn der Sachverhalt von der Ausgangsbehörde überhaupt nicht oder nur sehr unvollständig ermittelt worden ist[181] (Beispiel: die angegangene Behörde hält sich für unzuständig und lehnt den Antrag deshalb ohne Sachprüfung ab) und die Sachverhaltsaufklärung durch die Widerspruchsbehörde zu weiteren Verzögerungen führen würde, insbesondere,

179 Hintz in: Hintz/Lowe a.a.O., §85 Rn.16 unter Hinweis auf Schoch/Schmidt-Aßmann/Pietzner, VwGO, §73 Rn.39.

180 Keller in: Meyer-Ladewig/Keller/Schmidt a.a.O., §131 Rn.12c.

181 OVG Rheinland-Pfalz, U.v.11.05.2005, 8 A 10281/05, NuR 2005, 726 (unter Verweis auf BVerwG, U.v. 14.04.1989, BRS 49 Nr.15); SG Dortmund, GB v.25.07.2014, S 18 U 269/14, juris Rn.54.

weil die Widerspruchsbehörde – anders als die Ausgangsbehörde – nicht über die notwendigen personellen Ressourcen verfügt[182],

→ wenn eine Ermessensentscheidung zu treffen ist (insbesondere wenn Ermessen bzgl. Art und Maß der Leistungserbringung gemäß § 17 Abs. 2 SGB XII besteht) und die Ausgangsbehörde ihr Ermessen überhaupt nicht oder fehlerhaft ausgeübt hat und kein Fall der Ermessensreduzierung auf null vorliegt.

2. Besonderheiten beim Erlass eines Bescheidungswiderspruchsbescheids

Wird dem Widerspruch nicht in vollem Umfang stattgegeben, sondern wird die Ausgangsbehörde lediglich zur erneuten Bescheidung verpflichtet, hat der Widerspruch nur zum Teil Erfolg. Das hat Auswirkungen auf die Tenorierung, die Kostenentscheidung und die Rechtsbehelfsbelehrung.

In der Praxis ist es üblich, zur Klarstellung vor der Verpflichtung zur erneuten Bescheidung den angegriffenen Verwaltungsakt aufzuheben, soweit er von der Widerspruchsbehörde für rechtswidrig gehalten wird. Rechtlich notwendig ist das nicht. Da der Widerspruch nur zum Teil Erfolg hat, ist er im Übrigen zurückzuweisen.

Da ein Bescheidungswiderspruch (jedenfalls dann, wenn mit dem Widerspruch erkennbar die eigentlich beantragte Leistung selbst angestrebt wurde) nur zum Teil erfolgreich im Sinne des § 63 Abs. 1 SGB X ist, sind die Kosten regelmäßig zu teilen. Auch die Kosten des Widerspruchsführers sind nur zum Teil erstattungsfähig. Die Quote ist anhand der Verhältnisse zwischen Unterliegen und Obsiegen festzusetzen. Dabei ist auch darauf abzustellen, in welchem Maß der Ausgangsbescheid rechtswidrig gewesen ist. Hat die Ausgangsbehörde ihren Bescheid beispielsweise maßgeblich auf einen Ablehnungsgrund gestützt, der von der Widerspruchsbehörde als rechtswidrig erachtet wurde, ist der Unterliegensanteil der Ausgangsbehörde größer, als wenn sie die Anspruchsvoraussetzungen und die Art der Leistung (§ 17 Abs. 2 SGB XII) richtig bestimmt hat, ihr aber (lediglich) bei der Bestimmung des Maßes der Leistung ein Fehler unterlaufen ist.

182 BVerwG, U. v. 10.12.1970, VIII C 97.70, BVerwGE 37, 47; BVerwG, U. v. 16.01.1974, VIII C 56.73, BVerwGE 44, 278, juris Rn. 44 zum Wohngeldrecht; a. A. (ebenfalls zum Wohngeldrecht): BVerwG, U. v. 02.05.1984, 8 C 94/82, BVerwGE 69, 198, OVG Thüringen, B. v. 08.02.2000, 4 VO 726/99 unter Hinweis auf die Verzögerung des Abschlusses des Widerspruchsverfahrens.

Da der Widerspruch nur zum Teil Erfolg hat, ist neben der Rechtsbehelfsbelehrung für den Widerspruchsführer auch eine Rechtsbehelfsbelehrung für den Rechtsträger der Ausgangsbehörde anzufügen.

! Muster 16: Tenor, Gründe und Rechtsbehelfsbelehrung(en) Bescheidungswiderspruchsbescheid

1. Der Bezirk … wird unter Aufhebung des ablehnenden Bescheids vom 06.12.2023 verpflichtet, über den Antrag der Widerspruchsführerin vom 04.12.2023 auf Übernahme der Kosten für den Einsatz einer Gebärdendolmetscherin für den Theaterbesuch am 09.12.2023 unter Beachtung der Rechtsauffassung der Regierung von … erneut zu entscheiden.

2. Der Bezirk … hat der Widerspruchsführerin 4/5 der zur zweckentsprechenden Rechtsverfolgung notwendigen Aufwendungen im Widerspruchsverfahren zu erstatten.

Gründe:

I.

…

II.

… Nach diesen Grundsätzen ist der ablehnende Bescheid des Bezirks … rechtswidrig und verletzt die Widerspruchsführerin in eigenen Rechten (§54 Abs.2 Satz1 bzw. Satz2 Sozialgerichtsgesetz – SGG – analog). Da gleichwohl noch ein Ermessensspielraum verbleibt und zudem der Sachverhalt hinsichtlich der Erforderlichkeit der Kosten noch nicht aufgeklärt ist, ist der Bezirk … unter Aufhebung des ablehnenden Bescheids zur Neubescheidung unter Beachtung der Rechtsauffassung der Regierung von … zu verpflichten.

Besondere Rechtsbehelfsbelehrung für die Behörde:

Rechtsbehelfsbelehrung:

Gegen den Widerspruchsbescheid der Regierung von … kann innerhalb eines Monats nach Zustellung dieses Widerspruchsbescheids Klage zum

Sozialgericht Bayreuth,

Postfachanschrift: 95420 Bayreuth

Hausanschrift: Ludwig-Thoma-Str. 7, 95447 Bayreuth,

schriftlich, elektronisch oder zur Niederschrift des Urkundsbeamten der Geschäftsstelle dieses Gerichts erhoben werden.

> Die Klage muss die Beteiligten und den Streitgegenstand bezeichnen und soll einen bestimmten Antrag enthalten. Sie soll den angefochtenen Verwaltungsakt oder den Widerspruchsbescheid bezeichnen und von dem Kläger oder einer zu seiner Vertretung befugten Person mit Orts- und Tagesangabe unterzeichnet sein.
>
> Der Klageschrift, den sonstigen Schriftsätzen und nach Möglichkeit den Unterlagen sollen Abschriften für die Beteiligten beigefügt werden.
>
> Hinweise für den Bezirk ...:
> 1) Die Klage ist gegen den Freistaat Bayern zu richten.
> 2) Die Erhebung der Klage durch E-Mail ist nicht zulässig.

G. Der Widerspruchsbescheid

1. Einführung

Das SGG regelt nur, dass ein schriftlicher Widerspruchsbescheid zu erlassen und zu begründen ist (§ 85 Abs. 2 Satz 1, § 85 Abs. 3 Satz 1 SGG). Außerdem ist eine Rechtsbehelfsbelehrung zu erteilen (§ 85 Abs. 3 Satz 4 SGG). Weitere Anforderungen ergeben sich aus dem SGB X (§§ 33, 35 SGB X) sowie aus landesrechtlichen Vorschriften bezüglich der Arbeitsweise von Behörden[183]. Aufbau und Inhalt eines Widerspruchsbescheids orientieren sich an den Vorgaben für Urteile (§ 136 SGG), die für die Bescheidsform anzupassen sind.

Insbesondere die äußere Form eines Widerspruchsbescheids ist in der Regel durch ein Textverarbeitungsprogramm[184] vorgegeben und strukturiert. Selbstverständlich sind die genannten gesetzlichen Vorgaben bei der Erstellung und Nutzung solcher Programme zu beachten. Im Zweifel haben bei der Anwendung die gesetzlichen Vorgaben Vorrang vor denen eines EDV-Musters.

Der persönliche Stil[185] ist bei einem Widerspruchsbescheid nach Inhalt und Zweck nicht angebracht.

2. Aufbau eines Widerspruchsbescheids

Entsprechend den Vorgaben des § 136 SGG gliedert sich ein Widerspruchsbescheid in folgende Teile:

Rubrum

Tenor

Gründe

Rechtsbehelfsbelehrung.

Im Tenor steht, was entschieden worden ist, in den Gründen steht, warum so entschieden worden ist, und in der Rechtsbehelfsbelehrung steht, was man gegen die Entscheidung machen kann.

183 In Bayern z. B. aus der Allgemeinen Geschäftsordnung für die Behörden des Freistaats Bayern (AGO) vom 12. Dezember 2000 (GVBl S. 873).

184 Siehe § 20, § 21 Abs. 2 AGO nebst der Anlagen 1 und 2.

185 § 22 Abs. 2 AGO.

2.1 Rubrum

Als »Überschrift« wird die erlassende Behörde (§ 136 Abs. 1 Nr. 2 SGG, § 33 Abs. 2 Satz 1 SGB X) mit Anschrift genannt. Fehlen diese Angaben, ist der Widerspruchsbescheid gemäß § 40 Abs. 2 Nr. 1 SGB X nichtig. Im rechten oberen Bereich werden das Aktenzeichen, der Name des Sachbearbeiters nebst Telefon- und Faxnummer, E-Mail-Adresse, Zimmernummer und das Datum der Entscheidung genannt[186].

! Muster 17: Adressfeld mit Zustellungsvermerk

Postzustellungsurkunde

Herrn und Frau Max und Erika Mustermann

Musterstraße 11

11111 Musterstadt

Im linken oberen Bereich ist die Verfügung bezüglich der vom Sachbearbeiter anzuordnenden Art der Bekanntmachung bzw. Zustellung anzubringen.

! Muster 18: Rubrum eines Widerspruchsbescheids

13–6421-...

Herr Dr. Széchényi

0921 604 – 1629

0921 604 – 4629

K 115

attila.széchényi@reg-ofr.bayern.de

26.02.2024

Es folgt eine knappe »Überschrift« bzw. ein »Einleitungssatz«, aus der sich die maßgeblichen gesetzlichen Vorschriften, der Name des Widerspruchsführers bzw. seines Vertreters, das Datum des Widerspruchs, der angegriffene Bescheid einschließlich Datum, Aktenzeichen und Benennung der Ausgangsbehörde ergeben. Ferner wird kurz der Streitgegenstand benannt. Diese Angaben dienen der Bestimmtheit (§ 33 Abs. 1 SGB X) des Widerspruchsbe-

186 § 21 Abs. 1 Satz 1 AGO; das Muster in Anlage 1 zur AGO weist diesen Angaben noch einen Platz unterhalb des Adressfeldes zu.

scheids und erlauben dem Sozialgericht im Fall der nachfolgenden Klage eine erste Orientierung. Bei einem (erfolgreichen) Anfechtungswiderspruch beispielsweise wird so eindeutig festgelegt, welcher Verwaltungsakt der Ausgangsbehörde durch den Widerspruchsbescheid aufgehoben wurde.

! Muster 19: »Einleitungssatz«

Sozialgesetzbuch (SGB) Zwölftes Buch (XII); Grundsicherung im Alter und bei Erwerbsminderung; Widerspruch der Frau Elena ... und des Herrn Mark ... ., ... H, vertreten durch Frau Rechtsanwältin ...... vom 28.11.2023 gegen den Bescheid der Stadt H vom 13.11.2023, in der Fassung des Änderungsbescheides vom 20.11.2023 (jeweils Az. 50–8...), wegen der Höhe der berücksichtigungsfähigen Unterkunftskosten

Der Tenor wird mit der Bezeichnung der erlassenden Widerspruchsbehörde eingeleitet:

! »Die Regierung von Oberfranken erlässt folgenden ...«

2.2 Tenor

Der Tenor enthält den Entscheidungssatz bzw. die Entscheidungssätze. An erster Stelle steht die Sachentscheidung. Daneben wird in der Regel über die Kosten entschieden. Zusätzlich kann im Tenor die sofortige Vollziehung angeordnet oder ausgesetzt werden.

2.2.1 Bestimmtheit des Tenors

Bei der Formulierung des Tenors ist auf die hinreichende Bestimmtheit zu achten (§ 33 Abs. 1 SGB X). Als Maßstab für die Bestimmtheit ist zu fragen, ob der Inhalt des Entscheidungssatzes vollstreckungsfähig ist. Auch bei einem unmittelbar gestaltenden Widerspruch (z. B. eine stattgebende Entscheidung auf einen Anfechtungswiderspruch hin) muss eindeutig sein, ob bzw. inwieweit ein (und vor allem auch: welcher) Verwaltungsakt aufgehoben worden ist.

! Muster 20: Anfechtungswiderspruch

Der Bescheid des Landratsamts K ... vom 22.01.2024 wird aufgehoben.

! Muster 21: Kombinierter Anfechtungs- und Leistungswiderspruch

Der Bescheid des Bezirks .... vom 14.08.2023 in Form des Bescheids vom 06.02.2024 wird dahingehend abgeändert, dass die Kosten für die persönliche Schulbegleitung von L... R... (während des Schulbesuches) im Umfang von bis zu 24 Stunden und 50 Minuten pro Woche übernommen werden.

Gleichzeitig darf der Tenor im Interesse der Bestimmtheit und Klarheit nicht überfrachtet werden. Deshalb haben die Gründe bzw. Teile davon im Tenor grundsätzlich nichts zu suchen. Es ist immer zu fragen, ob die jeweilige Information, die in den Tenor aufgenommen werden soll, für die Bestimmung von Inhalt oder Reichweite der Entscheidung wichtig ist. Ist das nicht der Fall, gehören die entsprechenden Ausführungen in die Gründe, da diese zur Auslegung des Tenors heranzuziehen sind.

2.2.2 Kostenentscheidung

In der Praxis wird auch im sozialrechtlichen Widerspruchsbescheid über die Kosten entschieden, obwohl §85 SGG – anders als §73 Abs. 3 Satz 3 VwGO – eine entsprechende Verpflichtung nicht enthält, da §63 Abs. 1 SGB X einen materiell-rechtlichen Erstattungsanspruch bei erfolgreich durchgeführtem Widerspruchsverfahren vorsieht. Der Kostenausspruch umfasst die Entscheidung, ob und mit welchem Anteil der Widerspruchsführer seine Kosten erstattet bekommt und den Umfang der zu erstattenden Aufwendungen (= notwendige Aufwendungen gemäß §63 Abs. 1 Satz 1, Abs. 2 SGB X). Dazu gehört auch die Entscheidung über die Notwendigkeit der Zuziehung eines Rechtsanwalts oder eines sonstigen Bevollmächtigten (§63 Abs. 2 SGB X). Da das sozialrechtliche Widerspruchsverfahren in der Regel kostenfrei ist (§64 SGB X), entfällt die Festsetzung einer Widerspruchsgebühr. Es ist üblich, im Tenor durch eine entsprechende Formulierung auf die Kostenfreiheit hinzuweisen. Rechtlich geboten ist diese Formulierung nicht, da in den Tenor nur die unmittelbar gestaltenden bzw. ggf. zu vollstreckenden Regelungen aufzunehmen sind.

! Muster 22: Hinweis auf Kostenfreiheit des Widerspruchsverfahrens

Die Regierung von Oberfranken erlässt folgenden

WIDERSPRUCHSBESCHEID:

1. *Der Widerspruch wird zurückgewiesen.*
2. *Aufwendungen werden nicht erstattet.*
3. *Verwaltungskosten werden nicht erhoben.*

3. Gründe

Die Gründe werden – wie bei einem Urteil – in zwei Teile gegliedert. Der erste Teil enthält den »Tatbestand« (vgl. § 136 Abs. 1 Nr. 5 SGG), d. h. den der Widerspruchsentscheidung zugrunde liegenden Sachverhalt. Der zweite Teil enthält die »Entscheidungsgründe«, d. h. die Rechtsausführungen. Zu begründen sind die Sachentscheidung und die Nebenentscheidungen. In einem Widerspruchsbescheid wird der Begründungsteil mit »Gründe« überschrieben. Es folgen unter I. die Sachverhaltsdarstellung und unter II. die Rechtsausführungen.

3.1 Sachverhalt

Dem Sachverhalt vorangestellt wird ein kurzer Satz, mit dem der Gegenstand des Widerspruchsverfahrens umrissen wird.

! Muster 23: Einleitungssatz Sachverhalt

Der Widerspruchsführer begehrt die Übernahme von Bestattungskosten.

Maßstab für Inhalt und Umfang der Angaben zum Sachverhalt sind die angewendeten rechtlichen Vorschriften. Da die Widerspruchsbehörde verpflichtet ist, alle Voraussetzungen für die Widerspruchsentscheidung von Amts wegen zu ermitteln (§ 20 SGB X), müssen alle Tatsachen, Beweisergebnisse etc., die für die rechtliche Entscheidung berücksichtigt worden sind, in der Sachverhaltsdarstellung enthalten sein. Die Sachverhaltsdarstellung muss alle Angaben enthalten, damit auch ein nicht mit dem Vorgang vertrauter Dritter allein auf dieser Informationsgrundlage beurteilen kann, ob sie die getroffene Entscheidung trägt. (D. h.: Es müssen alle Angaben zur Beurteilung der Zulässigkeit des Widerspruches sowie ggf. die Angaben zur formellen und materiellen Rechtmäßigkeit der Entscheidung der Ausgangsbehörde enthalten sein). Gleichzeitig darf der Sachverhalt nicht mit Angaben überfrachtet werden, die für die Entscheidung nicht relevant gewesen sind. Die Widerspruchsbehörde ist zwar weder an einen Antrag oder eine Begründung im Widerspruch gebunden. Rügt aber die Widerspruchsbehörde einen bestimmten Teil der Entscheidung einer Ausgangsbehörde und sind keine Anhaltspunkte ersichtlich, dass weitere Fehler passiert sind, sind Ausführungen zu den unproblematischen Teilen einer angegriffenen Entscheidung im Sachverhalt entbehrlich. Gleiches gilt natürlich auch für nicht strittige Zulässigkeitsvoraussetzungen.

Fasst der Sachbearbeiter den Widerspruchsbescheid bzw. den Sachverhalt ab, hat er nochmals kritisch zu überprüfen, welche Angaben zum Verständnis der Entscheidung notwendig sind. Ein gut ermittelter und komprimiert dargestellter Sachverhalt zeigt auch schon die zutreffende rechtliche Durchdringung des Widerspruchsstoffes. Hält beispielsweise eine Naturalpartei einen Verwaltungsakt einer Ausgangsbehörde für rechtswidrig und trägt dazu umfangreich vor, ist es schon Aufgabe des Sachverhaltes als Basis für die rechtliche Bewertung, das Vorbringen im Hinblick auf die rechtliche Relevanz zu filtern und zusammenzufassen.

Für die Einzelheiten kann auf die vorgelegten Akten der Ausgangsbehörde oder auf die Widerspruchsakte Bezug genommen werden (§ 136 Abs. 2 SGG entsprechend). Entsprechend sollte am Schluss der Sachverhaltsdarstellung auf die entsprechenden Akten etc. verwiesen werden (siehe Muster 25).

Die Sachverhaltsdarstellung unterteilt sich in einen ersten Teil von Beginn des Verfahrens vor der Ausgangsbehörde bis zu dessen Abschluss (in der Regel durch Erlass eines Verwaltungsaktes). Der zweite Teil befasst sich mit dem Widerspruchsverfahren ab Einlegung des Widerspruchs bis zur Vorlage des Widerspruchs an die Widerspruchsbehörde.

In den ersten Teil gehört das Datum des Antragseingangs, das Datum des Ausgangsbescheids und das Datum seiner Bekanntgabe bzw. Zustellung. Soweit für die Widerspruchsentscheidung relevant (s. o.) ist die Begründung des Ausgangsbescheids (zusammengefasst) wiederzugeben. Fehlen die erwähnten Daten oder die Begründung (oder andere notwendige Angaben oder Verfahrensschritte wie etwa die Anhörung) ganz oder teilweise, ist dies ebenfalls zu erwähnen.

In den zweiten Teil sind das Datum des Widerspruchs sowie seines Eingangs bei der Ausgangsbehörde sowie die Vorlage an die Widerspruchsbehörde (sowie den Eingang bei der Widerspruchsbehörde) aufzunehmen. Hier sind insbesondere – soweit vorhanden – das Vorbringen des Widerspruchsführers einschließlich etwaiger rechtlicher Erwägungen und etwaige weitere Verfahrenshandlungen der Ausgangsbehörde bzw. Widerspruchsbehörde (z. B. Einholung eines Gutachtens, Erteilung rechtlicher Hinweise, Durchführung einer Ortseinsicht etc.) festzuhalten. Sofern im Widerspruch oder im Verlauf des Widerspruchsverfahrens keine neuen Tatsachen aufgebracht werden, ist dieser Teil des Sachverhaltes sehr knapp zu halten.

! Muster 24: Zusammenfassung der Widerspruchsbegründung

Der Widerspruchsführer wiederholt zur Begründung sein bisheriges Vorbringen.

Auf den Inhalt des Vorlageschreibens ist nur dann einzugehen, wenn in diesem neue Tatsachen oder Rechtsausführungen enthalten sind.

Der erste Teil schließt in der Regel mit dem Verweis auf den Inhalt der herangezogenen Behördenakten.

! Muster 25: Verweis auf die Behördenakten

Für die Einzelheiten wird auf den Inhalt der Behördenakten (die auch noch näher bezeichnet werden können) verwiesen (§ 136 Abs. 2 SGG analog).

3.2 Rechtsausführungen/»Entscheidungsgründe«

Wie bei einem Urteil wird das Ergebnis den Rechtsausführungen bzw. der Begründung vorangestellt.

! Muster 26: Widerspruch unzulässig

Der Widerspruch ist unzulässig.

! Muster 27: Widerspruch zulässig, aber unbegründet

Der Widerspruch ist zulässig, aber unbegründet/hat aber in der Sache keinen Erfolg.

Die Formulierung »hat aber in der Sache keinen Erfolg« vermeidet Missverständnisse auf Seiten des Widerspruchsführers (wenn er Ausführungen zur Rechtswidrigkeit des angegriffenen Verwaltungsakts gemacht hat).

! Muster 28: Widerspruch zulässig und teilweise begründet

Der Widerspruch ist zulässig und hat in dem aus dem Tenor ersichtlichen Umfang Erfolg.

! Muster 29: Widerspruch zulässig und begründet

Der Widerspruch ist zulässig und begründet/hat auch in der Sache Erfolg.

Üblicherweise wird kurz die Zuständigkeit der Widerspruchsbehörde festgestellt.

! Muster 30: Zuständigkeit Widerspruchsbehörde

Die Regierung von Oberfranken ist für die Entscheidung über den Widerspruch sachlich und örtlich zuständig (§ 85 Abs. 2 Satz 1 Nr. 4 SGG i. V. m. Art. 80 Abs. 1 Satz 2 AGSG).

Bei Bedarf wird dann der Gegenstand des Widerspruchsverfahrens klargestellt. Das kann z.B. der Fall sein, wenn der angegriffene Verwaltungsakt geändert wird, bevor die Widerspruchsbehörde über den Widerspruch entschieden hat (§ 86 SGG), oder bei einer Teilabhilfe.

! Muster 31: Klarstellung Gegenstand des Widerspruchsverfahrens

2. Gemäß § 86 Sozialgerichtsgesetz – SGG – ist der Bescheid vom 26.02.2024 Gegenstand des Widerspruchsverfahrens geworden, mit dem der Antrag auf Grundsicherungsleistungen abgelehnt wurde.

Ferner kann ein Hinweis auf die Durchführung des Abhilfeverfahrens aufgenommen werden.

! Muster 32: Durchführung Abhilfeverfahren

Das Abhilfeverfahren gemäß § 85 Abs. 1 SGG wurde durchgeführt.

Für den Aufbau der Rechtsausführungen gibt es keine gesetzlichen Vorgaben. Der erste Teil ist der Hauptentscheidung zu widmen, der zweite Teil gehört den Nebenentscheidungen. Auch die Anordnung oder Aussetzung der sofortigen Vollziehung ist zu begründen (§ 86a Abs. 1 Nr. 5, Abs. 2 SGG).

Regelmäßig empfiehlt es sich, bei den Ausführungen zur Hauptentscheidung auf den herkömmlichen Aufbau (Zulässigkeit des Widerspruchs, formelle und materielle Rechtmäßigkeit) zurückzugreifen (sofern im konkreten Fall Ausführungen zur Zulässigkeit bzw. zur formellen Rechtmäßigkeit veranlasst sind).

Ist die Entscheidung der Ausgangsbehörde formell und materiell rechtmäßig, kann die Widerspruchsbehörde ihre Rechtsausführungen sehr knapp halten und im Übrigen auf die Gründe des Ausgangsbescheids verweisen.

! Muster 33: Verweis auf die Gründe des Ausgangsbescheids

Im Übrigen wird auf die zutreffenden Gründe im Bescheid des Landratsamts … vom 09.02.2024 verwiesen.

Bei den Nebenentscheidungen ist eine über die Angabe der einschlägigen Normen hinausgehende Begründung dann erforderlich, wenn eine Kostenteilung vorgenommen wird (»soweit«) oder wenn es um die Angemessenheit der Aufwendungen bzw. die Notwendigkeit der Hinzuziehung eines Bevollmächtigten geht (insbesondere, wenn Letztgenanntes verneint wird).

Sofern der Widerspruch zurückgewiesen wird, genügt regelmäßig die Angabe der einschlägigen Vorschriften der §§63 und 64 SGBX.

Die rechtlichen Ausführungen können beispielsweise so aussehen:

! Muster 34: »Entscheidungsgründe«

1. Anspruch auf Grundsicherungsleistungen hat, wer dauerhaft voll erwerbsgemindert ist (§41 Abs. 1, 3 SGBXII). Zuständig für die Feststellung der Erwerbsminderung ist der Rentenversicherungsträger (§45 Abs. 1 SGBXII). Dieser hat (s. o.) festgestellt, dass die Widerspruchsführerin nicht voll erwerbsgemindert ist. Die Entscheidung des Rentenversicherungsträgers ist bindend für den Sozialhilfeträger (§45 Abs. 1 Satz 2 SGBXII). Das Landratsamt hat den Antrag deshalb zu Recht abgelehnt. Die Widerspruchsführerin erfüllt die Voraussetzungen für den Bezug von Leistungen nicht (s. o.) und wird deshalb durch die Ablehnung nicht in eigenen Rechten verletzt (§54 Abs. 2 Sozialgerichtsgesetz – SGG –).

Der Widerspruch ist daher als unbegründet zurückzuweisen.

2. Die Kostenentscheidung beruht auf §63 SGBX.

3. Die Kostenfreiheit ergibt sich aus §64 Abs. 1 SGBX.

H. Abhilfeverfahren und Abhilfebescheid

1. Beginn und Ablauf des Abhilfeverfahrens

Erster (und unselbstständiger) Teil des Vorverfahrens ist das Abhilfeverfahren. Bevor die Widerspruchsbehörde entscheidet, hat zunächst die Ausgangsbehörde die Gelegenheit, ihre (ablehnende) Entscheidung zu überdenken.

Gemäß §85 Abs.1 SGG ist die Ausgangsbehörde verpflichtet, einem (zulässigen und begründeten) Widerspruch abzuhelfen. Dies geschieht, indem der begehrte Verwaltungsakt erlassen oder der angegriffene Verwaltungsakt aufgehoben wird.

Ein Widerspruchsbescheid, der erlassen wird, ohne dass zuvor ein Abhilfeverfahren durchgeführt worden ist, leidet unter einem Verfahrensfehler[187]. Gehört – wie beim Vollzug des SGB XII regelmäßig der Fall – die Ausgangsbehörde (dabei handelt es sich um die Behörde, die den angegriffenen Verwaltungsakt erlassen bzw. unterlassen hat) einem anderen Rechtsträger an als die Widerspruchsbehörde (Widerspruchsbehörde ist die Behörde, die über den Widerspruch zu entscheiden hat), wird der Widerspruchsbescheid auf Klage der Ausgangsbehörde gegen den Widerspruchsbescheid hin allein deshalb aufgehoben. Der Widerspruch ist bei der Stelle, die den Verwaltungsakt erlassen bzw. nicht erlassen hat, einzulegen (§84 Abs.1 Satz1 SGG). Wird der Widerspruch entgegen dieser Vorschrift nicht bei der Ausgangsbehörde eingelegt, ist er (von der Widerspruchsbehörde) der Ausgangsbehörde zwecks Durchführung des Abhilfeverfahrens zuzuleiten[188]. Zum Abhilfeverfahren kann es auch kommen, wenn die Widerspruchsbehörde nach Vorlage (s. unten) des Widerspruchs und Prüfung der Erfolgsaussichten den Widerspruch der Ausgangsbehörde erneut mit der Bitte um Abhilfe zuleitet. Dabei empfiehlt es sich, diese Bitte mit entsprechenden Hinweisen auf die Rechtslage zu verbinden. Im Hinblick auf die Dreimonatsfrist (§88 Abs.2 SGG) und im Interesse eines zügigen Abschlusses des Widerspruchsverfahrens sollte der Ausgangsbehörde für die Abhilfe in eigener Zuständigkeit eine (genau zu benennende) Frist eingeräumt werden und diese Fristsetzung mit der Ankündigung

187 Lowe in: Hintz/Lowe a.a.O. §85 Rn.4: »Verfahrensmangel«, der zur isolierten Aufhebung des Widerspruchsbescheids berechtigt«, unter Hinweis auf Scholz/Schmidt-Aßmann/Pietzner a.a.O., §72 Rn.20.

188 Lowe in: Hintz/Lowe a.a.O., §85 Rn.3.

verbunden werden, nach Fristablauf über den Widerspruch zu entscheiden wie in dem Hinweisschreiben dargelegt.

Dieses Vorgehen hat nicht nur entlastende Wirkung für die Widerspruchsbehörde, sondern ermöglicht es zugleich der Ausgangsbehörde, Fehler in eigener Zuständigkeit zu korrigieren.

Im Abhilfeverfahren hat die Ausgangsbehörde nochmals die formelle und materielle Rechtmäßigkeit des angegriffenen bzw. abgelehnten Verwaltungsaktes zu überprüfen.

2. Abhilfeverfahren vor der Ausgangsbehörde

Auf Grund der erneuten Prüfung nach Einlegung des Widerspruches hält die Ausgangsbehörde entweder an dem angegriffenen Verwaltungsakt fest oder hilft dem Widerspruch teilweise oder vollständig ab.

2.1 Nichtabhilfe

Hält die Ausgangsbehörde an ihrer Entscheidung fest, legt sie den Widerspruch mit einem Vorlageschreiben an die Widerspruchsbehörde vor. Mit dem Vorlageschreiben wird dokumentiert, dass das Abhilfeverfahren durchgeführt wurde und die Ausgangsbehörde dem Widerspruch nicht abgeholfen hat.

In der Praxis hat es sich bewährt – ohne dass dies rechtlich verpflichtend ist – die Entscheidung über die Nichtabhilfe zu begründen.

Zugleich informiert die Ausgangsbehörde den Widerspruchsführer über die Abgabe an die Widerspruchsbehörde (Abgabenachricht[189]). Diese Mitteilung ist zwar nicht gesetzlich vorgeschrieben, aber in der Praxis üblich. Wenn sie von dem Empfänger gelesen wird, kann zudem Nachfragen nach dem Bearbeitungsstand (bei der Ausgangsbehörde) vorgebeugt werden.

> Von Bedeutung für den Fristlauf mit Hinblick auf eine Untätigkeitsklage ist diese Abgabenachricht nicht, da gemäß §88 Abs. 2 SGG regelmäßig innerhalb von drei Monaten über den Widerspruch zu entscheiden ist – sei es durch Abhilfe, sei es durch einen Widerspruchsbescheid.

189 Die Abgabenachricht ist kein Verwaltungsakt, vgl. BVerwG, U.v. 23.11.2011, 9 C 2/11, BVerwGE 140, 245, juris Rn. 16.

2.2 Vollständige Abhilfe

Die Ausgangsbehörde hilft vollständig ab (d.h. erlässt den begehrten Verwaltungsakt/hebt den belastenden Verwaltungsakt auf), indem sie einen Abhilfebescheid erlässt. Der Abhilfebescheid ist ein Verwaltungsakt[190]. Maßgeblich für den Inhalt der Abhilfeentscheidung ist allein das einschlägige materielle Recht[191]. Ist die Beschwer des Widerspruchsführers mit dem Abhilfebescheid beseitigt, ist das Widerspruchsverfahren beendet[192]. Einer Rücknahme oder Erledigungserklärung bedarf es nicht. Hilft die Ausgangsbehörde nach Aufforderung durch die Widerspruchsbehörde ab, stellt die Widerspruchsbehörde stellt das Widerspruchsverfahren mit formlosem Schreiben an den Widerspruchsführer ein.

2.3 Teilweise Abhilfe

Hilft die Ausgangsbehörde teilweise ab, erlässt sie – soweit sie abhilft – einen Abhilfebescheid. Ob einem Widerspruch in vollem Umfang oder nur teilweise abgeholfen wurde, ist durch Vergleich der beantragten und der bewilligten Regelung zu ermitteln[193]. Im Übrigen wird der Widerspruch der Widerspruchsbehörde zur Entscheidung vorgelegt.

2.4 Weitere Handlungsmöglichkeiten der Ausgangsbehörde

Auch nach Abgabe des Widerspruchs kann die Ausgangsbehörde dem Widerspruch abhelfen[194]. Insoweit laufen die Zuständigkeiten von Ausgangs- und Widerspruchsbehörde parallel. Unbenommen bleibt es der Ausgangsbehörde ferner, den Ausgangsverwaltungsakt nach den allgemeinen Regelungen des Sozialverwaltungsverfahrensgesetzes (§§ 44 ff. SGB X) aufzuheben[195]. Eine Kostenerstattung kommt nach dem Wortlaut des § 63 SGB X in diesem Fall nicht in Betracht. Denn § 63 SGB X sieht eine solche nur für den Fall des erfolgreich eingelegten Widerspruchs vor. Einen allgemeinen Anspruch auf Erstattung von Aufwendungen im sozialrechtlichen Verwaltungsverfahren gibt es nicht. Das Bundessozialgericht ist allerdings der Auffassung, dass ein Widerspruch auch dann »erfolgreich« ist, wenn die Behörde einer dem Widerspruchsführer günstigen förmlichen Entscheidung über den Widerspruch

190 Kopp/Ramsauer a.a.O., § 79 Rn. 36.

191 Kopp/Ramsauer a.a.O., § 79 Rn. 37: Die Einschränkungen der §§ 44 ff. SGB X sind nicht anzuwenden/unbeachtlich.

192 B. Schmidt in: Meyer-Ladewig/Keller/Schmidt a.a.O., § 86 Rn. 3.

193 Sächsisches LSG, U. v. 19.11.2002, L 5 RJ 155/02, juris Rn. 17.

194 Kopp/Ramsauer a.a.O., § 79 Rn. 36.

195 Kopp/Schenke a.a.O., § 79 Rn. 37.

durch Rücknahme des angegriffenen Verwaltungsaktes zuvorkommt[196]. Da eine mit dem von §63 Abs. 1 SGB X vergleichbare Interessenlage vorliege, sei eine analoge Anwendung dieser Vorschrift geboten[197].

Ein auf die §§44 ff. SGB X gestütztes Vorgehen kommt insbesondere dann in Betracht, wenn der Widerspruch unzulässig ist und deshalb keine Abhilfeentscheidung ergehen darf[198].

3. Das Abhilfeverfahren

Das Sozialgerichtsgesetz erwähnt die Abhilfe durch die Ausgangsbehörde lediglich in §85 Abs. 1. Die für den Widerspruchsbescheid geltenden Vorschriften des SGG gelten nicht[199], so dass die §§8 ff. SGB X anzuwenden sind. Zuständig ist die Behörde, die den Ausgangsverwaltungsakt erlassen oder abgelehnt hat, selbst dann, wenn sie dabei als sachlich oder örtlich unzuständige Behörde gehandelt hat. Die Ausgangsbehörde darf die Abhilfeentscheidung nur treffen, wenn der Widerspruch zulässig ist[200], d.h. insbesondere form- und fristgerecht erhoben worden ist. Ist die Widerspruchsfrist (§84 Abs. 1 SGG) verstrichen, kommt grundsätzlich Wiedereinsetzung in den vorigen Stand (§84 Abs. 2 Satz 3 i. V.m. §67 SGG) in Betracht. Zur (ausdrücklichen[201]) Entscheidung über die Wiedereinsetzung ist die Ausgangsbehörde aber nur befugt, wenn sie auch in der Sache entscheidet. Das ergibt sich aus dem entsprechend anwendbaren §67 Abs. 4 Satz 1 SGG[202]. Gewährt die Ausgangsbehörde unter Verstoß gegen §64 Abs. 4 Satz 1 SGG Wiedereinsetzung in den vorigen Stand (weil sie nicht zugleich auch in der Sache entscheidet) ist die Widerspruchsbehörde daran nicht gebunden[203], sondern hat vielmehr in eigener Zuständigkeit über die Zulässigkeit des Widerspruchs zu entscheiden.

196 BSG, U. v. 11.12.1985, 6 RKa 35/84, BSGE 59, 216; in der Sache kommt das Bundesverwaltungsgericht in seinem Urteil vom 28.04.2009, 2 A 8/08, NJW 2009, 2968 für den Fall, dass die Ausgangsbehörde sich nur deshalb für eine Rücknahme statt für eine Abhilfe entscheidet, um der Kostenersatzpflicht zu entgehen, zu dem Ergebnis, dass eine solche Rücknahme wie eine Abhilfeentscheidung zu behandeln ist.

197 BSG, U. v. 11.12.1985, 6 RKa 35/84 a. a. O.

198 BVerwG, U. v. 01.07.1999, 4 C 23/97, NVwZ 2000, 195, juris Rn. 20.

199 Lowe in: Hintz/Lowe a. a. O., §85 Rn. 5.

200 BVerwG, U. v. 01.07.1999, 4 C 23/97, NVwZ 2000, 195 juris Rn. 20; Kopp/Schenke a. a. O., §72 Rn. 3.

201 Lowe in: Hintz/Lowe, a. a. O., §85 Rn. 35 m. w. N.

202 So auch Kopp/Schenke a. a. O., §72 Rn. 4 m. w. N. zu § 72 VwGO.

203 A. A. OVG Bremen, B. v. 07.09.1981, 1 B 37/81, NVwZ 1982, 455.

4. Der Abhilfebescheid

4.1 Aufbau des Abhilfebescheids

Der Aufbau eines Abhilfebescheids stimmt mit dem eines Widerspruchsbescheids überein.

Für die äußere Form gelten die gleichen Regeln wie für den Widerspruchsbescheid, so dass auf die entsprechenden Ausführungen verwiesen wird. Im Fall des Anfechtungswiderspruches genügt es, den belastenden Verwaltungsakt aufzuheben und so seine Wirksamkeit zu beseitigen (§ 39 Abs. 2 SGB X).

! Muster 35: Abhilfebescheid beim Anfechtungswiderspruch

1. Der Rückforderungsbescheid vom 07.02.2024, Az. … wird aufgehoben

Beim Leistungswiderspruch wird zwar regelmäßig in dem Erlass des beantragten Verwaltungsaktes eine konkludente Aufhebung der ablehnenden Entscheidung zu sehen sein[204]. Allein schon aus Gründen der Rechtsklarheit und Rechtssicherheit empfiehlt es sich, den Verwaltungsakt, an dem die Ausgangsbehörde nicht mehr festhält, ausdrücklich aufzuheben und dies im Tenor festzuhalten.

! Muster 36: Abhilfebescheid beim Leistungswiderspruch

1. Der ablehnende Bescheid vom 07.02.2024, Az. … wird aufgehoben.

2. Dem Widerspruchsführer/Antragsteller werden Grundsicherungsleistungen in Höhe von 470,98 EUR ab dem 01.02.2024 bewilligt.

4.2 Gründe des Abhilfebescheids

Hilft die Ausgangsbehörde dem Widerspruch in vollem Umfang ab und entspricht sie damit im Ergebnis dem Antrag des Widerspruchsführers, bedarf der Abhilfebescheid gemäß § 35 Abs. 2 Nr. 1 SGB X keiner Begründung. Gleichwohl kann die Ausgangsbehörde ihre Abhilfeentscheidung begründen. Hilft die Ausgangsbehörde beispielsweise aufgrund eines entsprechenden Hinweises durch die Widerspruchs- (und Rechtsaufsichtsbehörde) ab, kann dies mit der Begründung im Abhilfebescheid dokumentiert werden.

204 VGH Baden-Württemberg, U. v. 23.12.1994, 9 S 653/93, NVwZ-RR 1995, 476, juris Rn. 20.

4.3 Entscheidung über die Kosten des Abhilfeverfahrens

Anders als § 72 VwGO bestimmt § 85 Abs. 1 SGG nicht, dass als Nebenentscheidung zur Abhilfe auch über die Kosten zu entscheiden ist. Allerdings ist gemäß § 63 Abs. 1 SGG über die Kosten zu entscheiden, da das Abhilfeverfahren Teil des Vorverfahrens ist. Fehlt die Kostenentscheidung, führt dies nicht zur Rechtswidrigkeit des Abhilfebescheides[205]. Die Kostenentscheidung ist nachträglich bei der Ausgangsbehörde zu beantragen und ggf. mit einem Verpflichtungswiderspruch bzw. einer Verpflichtungsklage zu erreichen[206].

Da alle Aussprüche im Tenor zu begründen sind, ist auch die Kostenentscheidung zu begründen bzw. die Begründung kann (s. o.) wegfallen. Dies gilt jedenfalls für die unproblematischen Fälle, in denen die zur zweckentsprechenden Rechtsverfolgung notwendigen Kosten erstattet werden. Hält die Ausgangsbehörde allerdings die Zuziehung eines Rechtsanwalts nicht für erforderlich (§ 63 Abs. 2 SGB X), empfiehlt es sich, die Gründe hierfür darzulegen[207].

Im Abhilfebescheid ist über die Kosten zu entscheiden, wenn die Ausgangsbehörde dem Widerspruch in vollem Umfang abgeholfen hat[208]. Für die Einzelheiten der Kostenentscheidung wird auf die entsprechenden Ausführungen beim Widerspruchsverfahren verwiesen.

Hat die Ausgangsbehörde dem Widerspruch nur teilweise abgeholfen, bleibt die Kostenentscheidung dem Widerspruchsbescheid vorbehalten[209].

Zur Klarstellung und zur Vermeidung von Rechtsbehelfen kann in den Tenor des Teilabhilfebescheids folgende Formulierung aufgenommen werden:

> **! Muster 37: Entscheidung über die Kosten des Abhilfeverfahrens bleiben dem Widerspruchsbescheid vorbehalten**
>
> *1. Der Bescheid über die Ablehnung des Antrags auf Grundsicherungsleistungen ab dem 01.01.2024 wird aufgehoben.*
>
> *2. Dem Widerspruchsführer und Antragsteller werden Grundsicherungsleistungen ab dem 01.01.2024 in Höhe von monatlich 459,50 EUR bewilligt.*
>
> *3. Die Kostenentscheidung bleibt dem Widerspruchsbescheid vorbehalten.*

205 BSG, U. v. 17.10.2006, B 5 RJ 66/04 R, NVwZ-RR 2007, 441.

206 BSG, U. v. 17.10.2006, a. a. O.

207 Wedekind a. a. O., S. 163/164.

208 Roos in: Schütze a. a. O., § 63 Rn. 21.

209 Lowe in: Hintz/Lowe a. a. O., § 85 Rn. 7; a. A. Roos/Blüggel in: Schütze a. a. O., § 63 Rn. 20: teilweise Aufwandserstattung.

4.4 Rechtsbehelfsbelehrung

Da für das Abhilfeverfahren die §§8 ff. SGBX gelten und der Abhilfebescheid einen Verwaltungsakt darstellt, ist ihm gemäß §36 SGBX eine Rechtsbehelfsbelehrung beizufügen[210]. Wird dem Widerspruch in vollem Umfang abgeholfen, ist das Widerspruchsverfahren beendet (vgl. §85 Abs. 2 Satz 1 SGG). Statthafter Rechtsbehelf – und entsprechend ist der Widerspruchsführer zu belehren – ist die Klage gegen den Abhilfebescheid[211]. In Zweifelsfragen kann es sich empfehlen, beim Widerspruchsführer nachzufragen, ob mit dem Abhilfebescheid dem Widerspruch abgeholfen wurde[212].

Ist dem Widerspruch teilweise abgeholfen worden, ist er im Übrigen der Widerspruchsbehörde zur Entscheidung vorzulegen. Soweit abgeholfen worden ist, ist die Klage zum Sozialgericht der statthafte Rechtsbehelf.

4.5 Bekanntgabe

Wie jeder Verwaltungsakt ist eine Abhilfeentscheidung bekannt zu geben (§§37, 39 SGBX). §85 Abs. 3 Sätze 2 und 3 SGG gelten nur für den Widerspruchsbescheid. Landesbehörden stellen im sozialverwaltungsrechtlichen Verfahren nach Landesrecht zu (§65 Abs. 2 SGBX). In Bayern gilt deshalb das Bayerische Verwaltungszustellungs- und Vollstreckungsgesetz.

210 §85 Abs. 3 Satz 4 SGG gilt nur für den Widerspruchsbescheid.
211 Sächsisches LSG, U. v. 19.11.2002, L 5 RJ 155/02, juris Rn. 16; Kopp/Ramsauer a. a. O., §79 Rn. 36.
212 Siehe BVerwG, U. v. 15.06.1976, 11 RA 112/75, SozR 1500 §83 Nr. 1.

I. Kosten des Widerspruchsverfahrens

1. Kostengrundentscheidung und Kostenfestsetzung

Während § 193 SGG bestimmt, dass das Gericht im Urteil über die Kosten zu entscheiden hat, findet sich eine derartige ausdrückliche Regelung in § 63 SGB X nicht. Gleichwohl ist auch im Zusammenhang mit einem Widerspruchsbescheid eine Kostengrundentscheidung zu treffen (auch ohne einen entsprechenden Antrag des Widerspruchsführers)[213], und zwar auch dann, wenn im konkreten Fall kein Erstattungsanspruch besteht[214]. Kostenschuldner ist der Rechtsträger der (unterliegenden) Ausgangsbehörde (§ 63 Abs. 1 Satz 1 SGB X).

Auf Antrag und nach Bestandskraft der Kostengrundentscheidung ist auch eine Kostenfestsetzungsentscheidung (§ 63 Abs. 3 Satz 1 SGB X) zu treffen.

Da das Widerspruchsverfahren im Bereich der Grundsicherung kostenfrei ist, entstehen keine Gebühren und Auslagen (§ 64 Abs. 1 SGB X).

Üblicherweise wird die Kostengrundentscheidung zusammen mit der Sachentscheidung getroffen:

! Muster 38: Kostengrundentscheidung bei Zurückweisung Widerspruch

1. Der Widerspruch wird zurückgewiesen.

2. Der Widerspruchsführer hat die Kosten des Widerspruchsverfahrens zu tragen.

3. Verwaltungskosten werden nicht erhoben.

! Muster 39: Kostengrundentscheidung bei Stattgabe Widerspruch

Die Regierung von Oberfranken erlässt folgenden

WIDERSPRUCHSBESCHEID:

1. Der Bescheid des … vom 14.08.2023 in Form des Bescheids vom 06.02.2024 wird dahingehend abgeändert, dass die Kosten für die persönliche Schulbegleitung von … (während des Schulbesuches) im Umfang von bis zu 24 Stunden und 50 Minuten pro Woche übernommen werden.

213 Roos/Blüggel in: Schütze a. a. O., § 63 Rn. 36.

214 Roos/Blüggel in: Schütze a. a. O., § 63 Rn. 37; a. A. Kopp/Schenke a. a. O., § 72 Rn. 5 entgegen des eindeutigen Wortlauts des § 72 VwGO.

> *2. Der … hat der Widerspruchsführerin die zur zweckentsprechenden Rechtsverfolgung notwendigen Auslagen zur erstatten.*
>
> *3. Die Zuziehung eines Bevollmächtigten im Widerspruchsverfahren war notwendig.*
>
> *4. Verwaltungskosten werden nicht erhoben.*

Ergeht die Kostengrundentscheidung nicht im Widerspruchsbescheid, muss sie nachgeholt werden[215]. Das Fehlen der Kostenentscheidung allein berechtigt nicht zu einem Vorgehen gegen den Widerspruchsbescheid. Seitens des Widerspruchsführers ist zunächst bei der Widerspruchsbehörde der Erlass einer Kostenentscheidung zu beantragen. Geschieht nichts oder fühlt sich der Widerspruchsführer durch die Kostenentscheidung beschwert, sind die üblichen Rechtsbehelfe gegeben[216].

Eine förmliche Kostenfestsetzung erfolgt in der Regel nicht. Gebühren sind angesichts der Gebührenfreiheit nicht zu erstatten. Reicht ein Rechtsanwalt nach für seinen Mandanten erfolgreichem Widerspruchsverfahren seine Kostennote zur Begleichung ein, hat die zur Kostentragung verpflichtete Behörde zu prüfen, ob die geltend gemachten Gebühren und Auslagen den einschlägigen gesetzlichen Grundlagen[217] entsprechen. Ist die Kostennote nicht zu beanstanden, werden die geltend gemachten Gebühren und Auslagen bezahlt.

2. Voraussetzungen der Kostenerstattung

Ein Widerspruch ist nach der Rechtsprechung des Bundessozialgerichts erfolgreich, wenn die Behörde ihm stattgibt (mit einem Abhilfe- oder Widerspruchsbescheid)[218]. Ohne Belang ist dabei, was der Widerspruchsführer zur Begründung seines Rechtsbehelfs vorgebracht hat und welche Gründe zum Stattgeben des Widerspruchs geführt haben[219]. Zur Vermeidung unbilliger Ergebnisse im Einzelfall verlangt das Bundessozialgericht, dass zwischen dem Widerspruch und der begünstigenden Entscheidung (Abhilfe- oder Widerspruchsbescheid) eine ursächliche Verknüp-

215 Roos/Blüggel in: Schütze a. a. O., § 63 Rn. 99.
216 Roos/Blüggel in: Schütze a. a. O., § 63 Rn. 43.
217 Näher dazu Roos/Blüggel in: Schütze a. a. O., § 63 Rn. 48.
218 BSG, U. v. 21.07.1992, 4 RA 20/91, juris Rn. 18.
219 So BSG, U. v. 08.10.1987, 9a RVs 10/87, HV-INFO 1988, 1449 unter Bezugnahme auf BVerwG, U. v. 14.01.1983, 8 C 80/80, juris Rn. 12: »Einzig auf das Stattgeben kommt es an.«

fung im Rechtssinne besteht[220]. Keine solche ursächliche Verknüpfung besteht, wenn nach dem konkreten Sachverhalt ein anderer Umstand als der Widerspruch dem »Erfolg« rechtlich zurechenbar ist[221].

Die (Ausgangs-)Behörde kann eine grundsätzlich bestehende Erstattungspflicht nicht dadurch umgehen, dass sie den angefochtenen Verwaltungsakt zurücknimmt[222]. Hat ein Widerspruch nur teilweise Erfolg, so sind die Kosten nur teilweise zu erstatten (»soweit«). Maßgebend für die Beantwortung der Frage, ob und inwieweit der Widerspruch erfolgreich war, ist ein Vergleich des mit dem Widerspruch Begehrten und des Inhalts der das Vorverfahren abschließenden Sachentscheidung[223]. Für die anteilsmäßige Bestimmung kann auf die Rechtsprechung zu § 193 SGG[224] bzw. § 155 Abs. 1 VwGO zurückgegriffen werden. Hat der Widerspruchsführer keinen konkreten (etwa nach Zahlen bezifferten) Antrag gestellt, ist auf das (ggf. nach Auslegung) erkennbare Rechtsschutzziel abzustellen[225] und danach zu bestimmen, ob der Widerspruch ganz oder nur teilweise und im letztgenannten Fall in welchem Umfang Erfolg hatte.

! Muster 40: Kostenentscheidung bei nur teilweise erfolgreichem Widerspruch (Quotelung)

1. Der Landkreis K ... wird verpflichtet, über den Antrag der Widerspruchsführerin auf Grundsicherung im Alter vom 30.01.2024 ab dem 01.02.2024 unter Beachtung der Rechtsauffassung der Regierung von Oberfranken zu entscheiden. Im Übrigen wird der Widerspruch zurückgewiesen.

2. Der Landkreis K ... hat der Widerspruchsführerin 1/5 der zur zweckentsprechenden Rechtsverfolgung notwendigen Aufwendungen im Widerspruchsverfahren zu erstatten.

3. Verwaltungskosten werden nicht erhoben.

Wird dem Widerspruch nicht stattgegeben, hat der Widerspruchsführer – mit Ausnahme des in § 63 Abs. 1 Satz 2 SGB X genannten Falls – keinen Kostenerstattungsanspruch. Wird dem Widerspruch teilweise stattgegeben und wird er im Übrigen zurückgewiesen, ist eine Kostenquotelung vorzunehmen.

220 BSG, U. v. 21.07.1992, 4 RA 20/91, DVBl 1993, 261: Im konkreten Fall war der Widerspruchführer erst im Widerspruchsverfahren seiner Mitwirkungspflicht nachgekommen; dies führte zum Erlass des begehrten Verwaltungsaktes und damit eigentlich zum Erfolg.

221 BSG, U. v. 21.07.1992, 4 RA 20/91, DVBl. 1993, 261.

222 BSG, U. v. 0.10.1987, 9a RVs 10/87, HV-INFO 1988, 1449.

223 BSG, U. v. 12.06.2013, B 14 AS 68/12 R, FEVS 65, 215.

224 Näher dazu B. Schmidt in: Meyer-Ladewig/Keller/Schmidt, § 193 Rn. 12a.

225 Roos/Blüggel in: Schütze a. a. O., § 63 Rn. 23.

! Muster 41: Kostenquotelung

... Der Bezirk ... ist verpflichtet, 1/6 der Kosten der zweckentsprechenden Rechtsverfolgung des Widerspruchsführers zu tragen ....

Gründe:

... Die Kostenentscheidung beruht auf §63 SGB X. Der Kostenquotelung liegt die Überlegung zu Grunde, dass der Bezirk ... bei rund 1/5 der Schulstunden sein Ermessen nicht zutreffend ausgeübt hat. Dazu kommt noch, dass der Bezirk ... anstatt des nicht quantifizierten Widerspruchsziels (»mehr Zeitstunden pro Woche«) lediglich zur Neubescheidung verpflichtet worden ist, der Widerspruchsführer sein Widerspruchsziel also nur eingeschränkt erreicht hat.

3. Umfang der zu erstattenden Aufwendungen

Zu erstatten sind die zur zweckentsprechenden Rechtsverfolgung oder Rechtsverteidigung notwendigen Aufwendungen (§63 Abs. 1 Satz 1 SGB X).

3.1 Notwendige Aufwendungen

Erstattet werden die Aufwendungen, die ein verständiger Beteiligter im Hinblick auf die rechtlichen und tatsächlichen Umstände des Einzelfalls vernünftigerweise für erforderlich halten durfte[226]. Nach der Rechtsprechung des Bundessozialgerichts ist der Aufwendungsbegriff weit zu verstehen und umfasst beispielsweise die Kosten für die Vertretung durch einen Rechtsanwalt oder Verbandsvertreter[227], aber auch die Kosten für eine Beratung durch einen Rechtsanwalt, für ein Privatgutachten oder einen Übersetzer[228].

Zu den Aufwendungen gehören für den Fall der Vertretung durch einen Rechtsanwalt die Gebühren und Auslagen eines Rechtsanwalts, die auf einer gesetzlichen Grundlage beruhen (RVG, BRAGO)[229].

Die Aufwendungen für einen Verbandsvertreter werden ersetzt, wenn die zu Grunde liegende Kostenforderung in einer satzungsrechtlichen Grundlage wurzelt, die satzungsmäßige Verbandsvertretung rechtmäßig ist und

226 Roos/Blüggel in: Schütze a. a. O., §63 Rn. 16.

227 BSG, U. v. 29.03.2007, B 9a SB 3/05 R, BSGE 98, 183.

228 BSG, U. v. 18.09.2014, B 14 AS 5/14 R, juris Rn. 16; Einzelheiten s. bei Roos/Blüggel in: Schütze a. a. O., §63 Rn. 7 ff.

229 BSG U. v. 29.03.2007, B 9a SB 3/05 R, BSGE 98, 183.

den Erstattungsberechtigten hierfür eine endgültige Kostentragungspflicht trifft[230].

Aufwendungen, die durch das Verschulden[231] eines Erstattungsberechtigten entstanden sind, hat dieser selbst zu tragen; das Verschulden eines Vertreters ist dem Vertretenen zuzurechnen (§ 63 Abs. 1 Satz 3 SGB X).

3.2 Notwendigkeit der Zuziehung eines Rechtsanwalts oder eines sonstigen Bevollmächtigten

Die Gebühren und Auslagen eines Rechtsanwalts oder eines sonstigen Bevollmächtigten im Vorverfahren sind erstattungsfähig, wenn die Zuziehung eines Bevollmächtigten notwendig war (§ 63 Abs. 2 SGB X).

Die Entscheidung über die Notwendigkeit der Zuziehung eines Rechtsanwalts oder eines sonstigen Bevollmächtigten ist mit der Kostengrundentscheidung zu treffen[232].

Für die Notwendigkeit der Zuziehung eines Rechtsanwalts oder eines sonstigen Bevollmächtigten (§§ 13, 14 SGB X) ist auf die ex-ante-Sicht eines verständigen Widerspruchsführers abzustellen[233]. Nach der Rechtsprechung des Bundesverfassungsgerichts ist die Notwendigkeit regelmäßig anzunehmen, wenn im Kenntnisstand und in den Fähigkeiten der Beteiligten ein deutliches Ungleichgewicht besteht[234]. Das ist dann der Fall, wenn dem Widerspruchsführer rechtskundige und prozesserfahrene Vertreter einer Behörde gegenüberstehen[235].

Da es auf die ex-ante-Sicht des Widerspruchsführers ankommt, ist es für die Beurteilung der Notwendigkeit irrelevant, ob der Rechtsanwalt/sonstige Bevollmächtigte den Widerspruch überhaupt begründet hat bzw. ob die von ihm angeführten Gründe zum Erfolg geführt haben[236]. Eine inzidente Qualitätskontrolle der Tätigkeit des Rechtsanwalts/sonstigen Bevollmächtigten findet über das Tatbestandsmerkmal der Notwendigkeit nicht statt.

230 BSG, U. v. 18.09.2014, B 14 AS 5/14 R, juris Rn. 17.
231 Beispiele hierzu siehe bei Roos/Blüggel in: Schütze a. a. O., § 63 Rn. 17 und 28.
232 Roos/Blüggel in: Schütze a. a. O., § 63 Rn. 32.
233 BSG, U. v. 02.11.2012, B 4 AS 97/11 R, juris; BSG, U. v. 09.05.2012, B 6 KA 19/11 R, SozR 4–1300 § 63 Nr. 18.
234 BVerfG, B. v. 24.03.2011, 1 BvR 1737/10, NJW 2011, 2039.
235 BVerfG, B. v. 24.03.2011, a. a. O.
236 BSG, U. v. 09.05.2012, B 6 KA 19/11 R, SozR 4–1300 § 63 Nr. 18.

4. Kostenentscheidung bei einem Vertreter ohne Vertretungsmacht

Die Kosten des Widerspruchsverfahrens sind nach h.M. (zum verwaltungsrechtlichen Widerspruchsverfahren bzw. zum verwaltungsgerichtlichen Verfahren) dem Vertreter ohne Vertretungsmacht aufzuerlegen[237], jedenfalls dann, wenn der Vertretene zu dem Auftreten des Vertreters ohne Vertretungsmacht keinen Anlass gegeben hat[238]. Die Rechtsgrundlage für die Auferlegung der Kosten wird in Anlehnung an die einschlägige verwaltungsgerichtliche Rechtsprechung in einer Gesamtanalogie zu den § 202 SGG, § 89 Abs. 1 ZPO und § 179 BGB zu sehen sein[239]. Die für die Analogie erforderliche Regelungslücke ergibt sich daraus, dass § 63 SGB X nicht anwendbar ist. Denn diese Vorschrift stellt losgelöst von dem Veranlassungsprinzip (s. Art. 2 Abs. 1 KG) allein auf den Erfolg des Rechtsbehelfs ab. Der vollmachtlose Vertreter wird aber nur deshalb, weil er nicht bevollmächtigt ist oder die Vollmacht nicht entsprechend § 13 Abs. 1 Satz 3 SGB X schriftlich nachgewiesen hat, nicht zum Beteiligten (§ 12 SGB X). Da das Widerspruchsverfahren im Sozialhilferecht allerdings kostenfrei ist (§ 64 SGB XII) und im Falle des Unterliegens ohnehin keine Kostenerstattung gegenüber dem Rechtsträger der Ausgangsbehörde stattfindet, wird das geschilderte Problem nur selten praktisch relevant werden.

! Muster 42: Kostenentscheidung bei Zurückweisung eines Widerspruchs eines Vertreters ohne Vertretungsmacht

1. Der Widerspruch wird zurückgewiesen.

2. Die Kosten des Widerspruchsverfahrens trägt Herr Rechtsanwalt Günther Heim als vollmachtloser Vertreter[240].

237 BVerwG, B. v. 23.03.1983, 1 C 63/79, Buchholz 310 § 67 VwGO Nr. 55; LSG Bayern, B. v. 14.04.2014, L 5 R 1201/13 B ER juris Rn. 18; Sächsisches OVG, B. v. 24.10.2012, 4 A 338/12 juris Rn. 4.

238 KG Berlin, B. v. 12.08.1977, 1 W 2618/77, Rechtspfleger 1978, 138.

239 BVerwG, B. v. 25.09.2006, 8 KSt 1/06, Buchholz 310 § 67 VwGO Nr. 108; VGH Baden-Württemberg, B. v. 09.11.1981, A 12 S 414/81, NJW 1982, 842.

240 So tenoriert beispielsweise das VG Gelsenkirchen, GB v. 27.09.2012, 5 K 2443/12.

5. Kostenfestsetzung

Zuständig für die Kostenfestsetzung ist die Behörde, die die Kostenentscheidung getroffen hat (§63 Abs. 3 Satz 1 SGB X). Hat die Ausgangsbehörde abgeholfen, ist sie für die Kostenfestsetzung zuständig. Hat die Widerspruchsbehörde dem Widerspruch stattgegeben und dementsprechend eine Kostengrundentscheidung zugunsten des Widerspruchsführers getroffen, ist die Widerspruchsbehörde auch für die Kostenfestsetzung zuständig. Von Amts wegen dürfen die Kosten nach dem eindeutigen Wortlaut des §63 Abs. 3 Satz 1 SGB X nicht festgesetzt werden. Voraussetzung für die Kostenfestsetzung ist zudem die Bestandskraft der Kostengrundentscheidung[241]. Die zuständige Behörde prüft Art und Höhe der geltend gemachten Kosten[242]. Dem Kostenfestsetzungsbescheid ist eine Rechtsbehelfsbelehrung beizufügen. Ist die Widerspruchsbehörde für die Kostenfestsetzung zuständig, ist statthafter Rechtsbehelf die Klage zum Sozialgericht.

! Muster 43: Kostenfestsetzungsbescheid (der Widerspruchsbehörde)

Kostenfestsetzungsbescheid

*1. Die zur zweckentsprechenden Rechtsverfolgung notwendigen Aufwendungen des Antragstellers für das Widerspruchsverfahren (Az. …) werden auf **21,80 EUR** festgesetzt.*

2. Verwaltungskosten werden nicht erhoben.

GRÜNDE:

I.

Mit Widerspruchsbescheid vom 23.05.2014 wurde dem Widerspruch des Antragstellers gegen den ablehnenden Bescheid des Landratsamts C… vom 05.12.2012 stattgegeben. In Ziffer 3 wurde bestimmt, dass dem Widerspruchsführer die zur zweckentsprechenden Rechtsverfolgung notwendigen Aufwendungen im Widerspruchsverfahren zu erstatten sind.

Mit Schreiben vom 07.06.2014 forderte der Antragsteller das Landratsamt C… auf, ihm 10,00 EUR Anwaltskosten und eine Auslagenpauschale in Höhe von 20,00 EUR zu erstatten. Dieses übersandte das Landratsamt C… mit Schreiben vom 24.06.2014 an die Regierung von Oberfranken.

241 Roos/Blüggel in: Schütze a.a.O., §63 Rn.46.
242 Roos/Blüggel in: Schütze a.a.O., §63 Rn.48.

Mit Schreiben vom 01.07.2014 wurde der Antragsteller aufgefordert, die Beratung durch einen Rechtsanwalt sowie die ihm entstandenen Aufwendungen nachzuweisen.

Mit Schreiben vom 04.08.2014 legte der Antragsteller die Kostennote eines Rechtsanwalts sowie eine Tabelle vor, die Aufwendungen für Büromaterial und Porto in Höhe von 17,60 EUR enthielt.

Mit RS vom 04.09.2014 wurde der Antragsteller aufgefordert, seinen Vortrag zu ergänzen bzw. zu präzisieren.

Mit Schreiben vom 15.09.2014 tat der Antragsteller dies und legte eine weitere Tabelle vor, nach der er auf Gesamtkosten in Höhe von 26,55 EUR kommt.

Ergänzend wird auf den Inhalt der Behördenakte verwiesen.

II.

Da die Regierung von Oberfranken als Widerspruchsbehörde die Kostengrundentscheidung getroffen hat, ist sie auch für die förmliche Kostenfestsetzung zuständig. Gemäß § 63 Abs. 1 Satz 1 SGB X sind dem Antragsteller durch den Landkreis C… die zur zweckentsprechenden Rechtsverfolgung notwendigen Aufwendungen zu erstatten.

Dazu gehören die Kosten für eine Rechtsberatung jedenfalls dann, wenn die Zuziehung eines Rechtsanwalts notwendig gewesen wäre, was hier der Fall gewesen ist, so dass die entsprechenden Beratungskosten in Höhe von 10,00 EUR erstattungsfähig sind.

Dazu gehören grundsätzlich auch die Auslagen für Schreibmaterialien, Porto und Fotokopien, soweit sie im Einzelfall notwendig und nachgewiesen sind (Stelkens/Bonk/Sachs, VwVfG, § 80 Rn. 71; Kopp/Schenke, § 162 VwGO, Rn. 7). Die Notwendigkeit ist aus Sicht eines verständigen Beteiligten unter Beachtung der Grundsätze der Sparsamkeit zu beurteilen (BVerwG, B. v. 22.06.1993, 1 ER 103/93, Buchholz 310 § 162 VwGO Nr 26). …

Nicht erstattungsfähig sind die mit Schreiben vom 15.09. geltend gemachten Kosten für »Ablagekopien«. Der Antragsteller hat vorgetragen, seine Schreiben auf seinem PC zu erstellen. Damit sind diese bereits gespeichert. Zusätzliche Kopien zu erstellen, widerspricht dem Sparsamkeitsgrundsatz.

Die Kosten für Druckerpapier werden mit 0,01 EUR je Blatt angesetzt, da bereits eine flüchtige Internetrecherche ergeben hat, dass entsprechendes Material zu diesem Preis beschafft werden kann.

Anerkannt werden folgende Positionen:

Nr. 1	*10 Seiten = 0,10 EUR*
	1 Umschlag = 0,20 EUR
	Porto = 1,45 EUR
	Insgesamt: 1,75 EUR
Nr. 2	*5 Seiten = 0,05 EUR*
	1 Umschlag = 0,05 EUR
	Porto = 0,90 EUR
	Insgesamt: 1,00 EUR
Nrn. 3 und 4	*7 Seiten = 0,07 EUR*
	2 × Umschlag = 0,05 EUR
	Porto = 1,48 EUR
	Insgesamt: 1,60 EUR
Nrn. 5 bis 12	*16 Seiten = 0,16 EUR*
	8 Umschläge = 0,40 EUR
	8 × Porto = 5,32 EUR
	Insgesamt: 5,88 EUR
Nrn. 15 und 16	*7 Seiten = 0,07 EUR*
	2 × Umschlag = 0,10 EUR
	2 × Porto = 1,40 EUR
	Insgesamt: 1,57 EUR
	Insgesamt: 11,80 EUR

Rechtsbehelfsbelehrung:

Gegen diesen Bescheid ***kann innerhalb eines Monats nach Zustellung Klage*** *zum*

Sozialgericht Bayreuth,
Postfachanschrift: 95420 Bayreuth
Hausanschrift: Ludwig-Thoma-Str. 7, 95447 Bayreuth,

schriftlich, elektronisch oder zur Niederschrift des Urkundsbeamten der Geschäftsstelle dieses Gerichts *erhoben werden.*

***Die Klage muss die Beteiligten und den Streitgegenstand bezeichnen** und soll einen bestimmten Antrag enthalten. Sie soll den angefochtenen Verwaltungsakt oder den Widerspruchsbescheid bezeichnen und von dem Kläger oder einer zu seiner Vertretung befugten Person mit Orts- und Tagesangabe unterzeichnet sein.*

Der Klageschrift, den sonstigen Schriftsätzen und nach Möglichkeit den Unterlagen sollen Abschriften für die Beteiligten beigefügt werden.

Hinweise für den/die Antragsteller/-in:

1) Die Klage ist gegen den Freistaat Bayern zu richten.

2) Die Erhebung der Klage durch E-Mail ist nicht zulässig.

Dr. Széchényi

J. Die Rechtsbehelfsbelehrung

1. Einleitung

Rechtsbehelf ist in der Terminologie des Sozialgerichtsgesetzes (vgl. § 66 SGG) der Oberbegriff für Rechtsmittel (Berufung gemäß § 143 SGG, Revision gemäß § 160 SGG, Beschwerde gemäß § 172 SGG[243]) und Rechtsbehelfe. Zulässiger Rechtsbehelf ist im sozialrechtlichen Widerspruchsverfahren in der Regel die Klage gegen den (ablehnenden) Ausgangsbescheid, ggf. auch die isolierte Klage gegen den Widerspruchsbescheid. Die folgende Darstellung beschränkt sich auf die beiden letztgenannten Fälle.

Die Rechtsbehelfsbelehrung soll verhindern, dass es der Betroffene mangels Kenntnis von der einmonatigen Klagefrist versäumt, rechtzeitig Klage zu erheben[244]. Vor diesem Hintergrund ist auch die zum Teil über den Wortlaut der einschlägigen Vorschriften hinausgehende Rechtsprechung des Bundessozialgerichts zu verstehen[245].

Die Beteiligten sind gemäß § 84 Abs. 3 Satz 4 SGG bei der Bekanntgabe eines Widerspruchsbescheids über die Zulässigkeit der Klage, die einzuhaltende Frist und den Sitz des zuständigen Gerichts zu belehren. Da Fehler bei diesen Angaben dazu führen, dass an die Stelle der Klagefrist nach § 87 SGG (Monatsfrist) die Jahresfrist des § 66 Abs. 2 Satz 1 SGG tritt, sind die Anforderungen der letztgenannten Vorschrift bei der Erteilung der Rechtsbehelfsbelehrung zu berücksichtigen[246].

Ob die unrichtige Rechtsbehelfsbelehrung für die Fristversäumnis des Betroffenen ursächlich war, ist grundsätzlich unerheblich[247].

Gemäß § 66 Abs. 1 SGG beginnt die Frist für ein Rechtsmittel oder einen anderen Rechtsbehelf nur dann zu laufen, wenn der Beteiligte über den Rechtsbehelf, die Verwaltungsstelle oder das Gericht, bei denen der Rechtsbehelf anzubringen ist, den Sitz und die einzuhaltende Frist schriftlich oder elektronisch belehrt worden ist. Ist die Belehrung unterblieben oder unrichtig erteilt, so ist die Einlegung des Rechtsbehelfs gemäß § 66 Abs. 2 Satz 1 SGG nur innerhalb eines Jahres seit Zustellung, Eröffnung oder Ver-

243 Keller in: Meyer-Ladewig/Keller/Schmidt a. a. O., § 66 Rn. 1.

244 Keller in: Meyer-Ladewig/Keller/Schmidt a. a. O., § 66 Rn. 1; Lowe in: Hintz/Lowe a. a. O., § 66 Rn. 5.

245 Zur Kritik an dieser Rechtsprechung siehe Lowe in Hintz/Lowe a. a. O., § 66 Rn. 11.

246 BSG, U. v. 14.03.2013, B 13 R 19/12 R, NZS 2013, 676.

247 BSG, U. v. 14.10.1955, 2 RU 16/54, BSGE 1, 254.

kündung zulässig, außer wenn die Einlegung vor Ablauf der Jahresfrist infolge höherer Gewalt unmöglich war oder eine schriftliche oder elektronische Belehrung dahin erfolgt ist, dass ein Rechtsbehelf nicht gegeben sei.

Nach dem klaren Wortlaut des §85 Abs. 3 Satz4 SGG (»sind«) hat die Widerspruchsbehörde eine Rechtsbehelfsbelehrung zu erteilen, und zwar auch dann, wenn der Widerspruch in vollem Umfang Erfolg hat[248]. Ob sich ein Beteiligter beschwert fühlt, hat er selbst und nicht die Widerspruchsbehörde für ihn zu entscheiden[249]. Nach der Rechtsprechung des Bundesverwaltungsgerichts ist eine Rechtsbehelfsbelehrung sogar dann zu erteilen, wenn der grundsätzlich statthafte Rechtsbehelf im Einzelfall unzulässig ist[250]. Deshalb ist die Rechtsbehelfsbelehrung mit dem Hinweis auf die Klagemöglichkeit gegen den Ausgangsbescheid auch in der folgenden Konstellation zu erteilen: Es wird direkt Klage zum Sozialgericht erhoben. Das Sozialgericht setzt in analoger Anwendung des §114 Abs. 2 SGG das Verfahren aus und fordert die Widerspruchsbehörde auf, zunächst das Widerspruchsverfahren durchzuführen und einen Widerspruchsbescheid zu erlassen. Nach Erlass des Widerspruchsbescheids setzt das Sozialgericht dann das Klageverfahren fort. Das gelingt, indem die Sozialgerichte die Klage zugleich als Widerspruch auslegen, ihr also eine doppelte Bedeutung geben. Bei dieser Praxis könnte seitens der Widerspruchsbehörde daran gedacht werden, von einer Rechtsbehelfsbelehrung abzusehen, weil der Hinweis auf eine zu erhebende Klage deshalb für den Kläger irreführend sein könnte, weil er ja bereits Klage erhoben hat und eine weitere Klage wegen entgegenstehender Rechtshängigkeit (§94 Abs. 1 SGG) unzulässig sein könnte. Allerdings würde dann die geschilderte Praxis der Sozialgerichte dazu führen, dass die Widerspruchsbehörde einen weiteren Rechtsverstoß begeht (nämlich §85 Abs. 3 Satz4 SGG missachtet). Nach Ansicht des Bundesverwaltungsgerichts ist es aber nicht Sache der Widerspruchsbehörde, sondern des Klägers, zu prüfen, ob eine Klage im Einzelfall zulässig ist oder nicht[251].

Eine Rechtsbehelfsbelehrung ist auch dann zu erteilen, wenn der Widerspruch mangels Vorliegen eines Verwaltungsakts (als unzulässig) zurück-

---

248 Leitherer in: Meyer-Ladewig/Keller/Schmidt a. a. O., §85 Rn. 7 d; a. A. Lowe in: Hintz/Lowe a. a. O., §85 Rn. 7d.

249 Leitherer in: Meyer-Ladewig/Keller/Schmidt a. a. O., §85 Rn. 7 d; a. A. Lowe in: Hintz/Lowe a. a. O., §85 Rn. 7d.

250 BVerwG, B. v. 27.11.1975, VII B 38.75, MDR 1976, 603.

251 BVerwG a. a. O.

gewiesen wurde[252]. Die Entscheidung darüber, ob im Einzelfall eine Beschwer vorliegt und die Prozessvoraussetzungen erfüllt sind, so dass die Klage zulässig ist, obliegt dem Sozialgericht[253].

2. Inhalt der Rechtsbehelfsbelehrung

Nach dem Wortlaut des §85 Abs. 3 Satz 4 SGG muss die Rechtsbehelfsbelehrung folgende Elemente enthalten:

2.1 Statthafter Rechtsbehelf

Entgegen dem sehr weit gefassten Wortlaut ist nur über die grundsätzliche Statthaftigkeit der Klage zu belehren[254].

2.2 Rechtsbehelfsfrist

Nach dem Wortlaut ist nur über die (Dauer der) einzuhaltende(n) Frist zu belehren (= Monatsfrist des §87 Abs. 1 SGG). Nach der Rechtsprechung des Bundessozialgerichts ist auch über den Fristbeginn (§87 Abs. 2 SGG) zu belehren[255]. Da die Zustellung eine Unterform der Bekanntgabe ist und §87 Abs. 1 SGG auf die Bekanntgabe des Widerspruchsbescheids abstellt, ist in der Rechtsbehelfsbelehrung auf die Bekanntgabe als fristauslösendes Ereignis hinzuweisen, und zwar auch dann, wenn im konkreten Fall die besondere Bekanntgabeform der Zustellung gewählt wird[256]. Es ist dann Sache des Klägers, die einzuhaltende Klagefrist auszurechnen[257]. Jede Abweichung von diesen Vorgaben, gleich in welcher zeitlichen Richtung, d.h. ob fristverkürzend oder fristverlängernd, führt zur Unrichtigkeit der Rechtsbehelfsbelehrung[258].

Es muss nicht über die Möglichkeit zur fristwahrenden Einlegung des Rechtsbehelfs bei anderen Gerichten und Behörden, etwa im Sinne des §91 Abs. 1 SGG, belehrt werden[259].

---

252 LSG Sachsen-Anhalt, B. v. 11.06.2013, L 5 AS 290/13 B, juris Rn. 24.

253 LSG Sachsen-Anhalt, B. v. 11.06.2013, a. a. O.

254 Binder in: Berchtold a.a.O., § 85 Rn. 18.

255 BSG, U. v. 09.04.2014, B 14 AS 46/13 R, NZS 2014, 676; a. A. zur Rechtslage beim Widerspruch nach der VwGO Kopp/Schenke a. a. O. §58 Rn. 10.

256 BSG, U. v. 09.04.2014, B 14 AS 46/13 R, NZS 2014, 676.

257 BVerwG, B. v. 28.11.1975, VII B 151.75, NJW 1976, 865.

258 BSG, U. v. 28.05.1991, 13/5 RJ 48/90, NVwZ 1993, 406 juris Rn. 17.

259 BSG, U. v. 28.10.1975, 9 RV 452/74, SozR 1500 §92 Nr 2; LSG Hamburg, B. v. 14.11.2013, L 3 U 46/12.

2.3 Bezeichnung des zuständigen Gerichts

Das zuständige Gericht ist zu bezeichnen. Bezüglich des Sitzes reicht es aus, wenn die Stadt genannt wird, in der sich das Gericht befindet. Straße und Hausnummer müssen grundsätzlich nicht angegeben werden[260]. In der Praxis werden diese Angaben üblicherweise gemacht.

2.4 Weitere notwendige Teile der Rechtsbehelfsbelehrung

Nach der Rechtsprechung des Bundessozialgerichtes muss die Rechtsbehelfsbelehrung auch eine Belehrung über den wesentlichen Inhalt der bei der Einlegung des Rechtsbehelfs zu beachtenden (Form-)Vorschriften beinhalten (»Wegweiserfunktion«)[261]. Sie muss so abgefasst werden, dass die Beteiligten ohne Zuhilfenahme des Gesetzestextes in der Lage sind, die »ersten Schritte« zur Erhebung des Rechtsbehelfs zu unternehmen[262]. Folgende weitere Angaben müssen deshalb nach der Rechtsprechung des Bundessozialgerichts in einer Rechtsbehelfsbelehrung enthalten sein, damit mit der Bekanntgabe des Widerspruchsbescheids die Monatsfrist für die Klage gemäß § 87 SGG ausgelöst wird:

2.4.1 Form der Klageerhebung

Es ist über die Form der Klageerhebung (schriftlich bzw. zur Niederschrift des Urkundsbeamten der Geschäftsstelle, § 90 SGG) zu belehren[263]. Inzwischen ist auch über die Möglichkeit der Einlegung des Rechtsbehelfs in elektronischer Form zu belehren[264].

2.4.2 Benennung der Beteiligten

Die Rechtsbehelfsbelehrung hat darauf hinzuweisen, dass der Kläger und der Beklagte (§ 92 Abs. 1 Satz 1 SGG) sowie der Gegenstand des Klagebegehrens (§ 92 Abs. 1 Satz 1 SGG)[265] zu nennen sind, ein bestimmter Antrag gestellt werden soll (§ 92 Abs. 1 Satz 3 SGG)[266] und die Klage vom Kläger bzw. seinem Vertreter mit Orts- und Zeitangabe unterzeichnet werden soll (§ 92 Abs. 3 Satz 3 SGG).

---

260 BSG, U. v. 26.01.1978, 2 RU 97/77, SozR 1500 § 66 Nr. 9.

261 BSG, U. v. 31.07.1958, 3 RJ 71/56, NJW 1958, 2039; BSG, U. v. 09.04.2014, B 14 AS 46/13 R, NZS 2014, 676 juris Rn. 16.

262 BSG, U. v. 31.07.1958, 3 RJ 71/56, NJW 1958, 2039.

263 Keller in: Meyer-Ladewig/Keller/Schmidt a. a. O., § 66 Rn. 10.

264 Keller in: Meyer-Ladewig/Keller/Schmidt a.a.O., § 90 Rn. 10 unter Bezugnahme u.a. auf § 65a und § 65d SGG; die Rechtsprechung des BSG, U. v. 14.03.2013, B 13 R 19/12 R, NZS 2023, 676 dürfte inzwischen durch die Rechtsentwicklung überholt sein.

265 BSG, U. v. 31.07.1958, 3 RJ 71/56, NJW 1958, 2039.

266 BSG, U. v. 31.07.1958, 3 RJ 71/56, NJW 1958, 2039.

2.4.3 Weitere Hinweise zur Rechtsbehelfsbelehrung

Die Rechtsbehelfsbelehrung darf nicht mit weiteren Informationen überfrachtet sein; diese sind jedoch unschädlich, wenn sie richtig und vollständig sind, dürfen aber nicht Verwirrung stiften oder den Eindruck erwecken, die Rechtsverfolgung sei schwieriger, als sie in Wirklichkeit ist[267]. Sind solche zusätzlichen Hinweise nicht zutreffend, löst die Bekanntgabe nicht die Klagefrist des §87 SGG aus[268].

3. Form der Rechtsbehelfsbelehrung

Eine bestimmte Form der Rechtsbehelfsbelehrung ist zwar in §85 SGG nicht vorgeschrieben. Allerdings beginnt die Monatsfrist des §87 Abs. 1 SGG nur zu laufen, wenn die Rechtsbehelfsbelehrung schriftlich oder elektronisch erteilt worden ist (vgl. §66 Abs. 1 SGG), so dass dadurch, soll die Bekanntgabe die Monatsfrist des §87 SGG auslösen, faktisch die Schriftform (bzw. die elektronische Form) vorgeschrieben ist. Die Belehrung erfolgt in deutscher Sprache (§61 SGG i. V. m. §184 GVG).

Im Gegensatz zu der Regelung bezüglich der Rechtsmittelbelehrung im Urteil (§136 Abs. 1 Nr. 7 SGG »enthält«) schreibt §85 Abs. 3 Satz 4 SGG vor, dass den Beteiligten »hierbei«, d. h. bei der Bekanntgabe des Widerspruchsbescheids, eine Rechtsmittelbelehrung zu erteilen ist. Daraus ist zu schließen, dass die Rechtsbehelfsbelehrung nicht Teil des Widerspruchsbescheids ist, aber grundsätzlich im Zusammenhang mit der Bekanntgabe zu erteilen ist. §85 Abs. 3 Satz 1 SGG verlangt, dass der Widerspruch schriftlich zu erlassen ist und damit auch, dass er von einem hierzu Bevollmächtigten zu unterschreiben ist[269]. Im Gegensatz zum Prozessrecht muss die Rechtsbehelfsbelehrung nicht von der Unterschrift des Bevollmächtigten der Widerspruchsbehörde gedeckt sein[270]. Gleichwohl ist es in der Praxis üblich, die Rechtsbehelfsbelehrung in unmittelbarem Anschluss an die Gründe des Widerspruchsbescheids anzufügen und mitzuunterschreiben.

267 BSG, U. v. 09.04.2014, B 14 AS 46/13 R, NZS 2014, 676, juris Rn. 16.

268 VGH Baden-Württemberg, B. v. 19.08.2014, 8 S 1235/14.

269 Binder in Berchtold a.a.O., § 85 Rn. 16.

270 Siehe hierzu BAG, U. v. 06.03.1980, 3 AZR 7/80, BAGE 33, 63 mit einer Übersicht zu den einschlägigen prozessrechtlichen Vorschriften; eine andere Auffassung lässt sich auch nicht BSG, U. v. 23.08.1957, 9 RV 18/56, BSGE 6, 1 entnehmen, da sich diese Entscheidung nur auf eine Rechtsmittelbelehrung in einem erstinstanzlichen Urteil nach §136 Abs. 1 Nr. 7 SGG bezog.

4. Nachholung einer fehlenden bzw. Korrektur einer fehlerhaften Rechtsbehelfsbelehrung

Ist die Rechtsbehelfsbelehrung unterblieben oder unrichtig erteilt worden, kann sie nachgeholt werden[271]. Erforderlich ist, dass den Beteiligten eine zutreffende und formgerechte Rechtsbehelfsbelehrung unter Bezugnahme auf den zugehörigen Widerspruchsbescheid erteilt wird[272]. Die Klagefrist des §87 SGG beginnt mit der Bekanntgabe der nachgeholten Rechtsbehelfsbelehrung[273].

! Muster 44 (Variante 1: unzutreffende Rechtsbehelfsbelehrung)

Widerspruchsbescheid vom 05.12.2023, Az.: 13–6421.01–256/14

Sehr geehrter Herr X,

dem oben genannten Widerspruchsbescheid war versehentlich eine unzutreffende Rechtsbehelfsbelehrung angefügt. Hiermit wird folgende Rechtsbehelfsbelehrung ereilt: ….

Rechtsbehelfsbelehrung:

Gegen den Bescheid der Stadt H. vom 17.08.2023, Az. …, kann ***innerhalb eines Monats nach Bekanntgabe dieses Schreibens Klage*** *zum*

Sozialgericht Bayreuth,

Postfachanschrift: 95420 Bayreuth

Hausanschrift: Ludwig-Thoma-Str. 7, 95447 Bayreuth,

schriftlich, elektronisch oder zur Niederschrift des Urkundsbeamten der Geschäftsstelle dieses Gerichts *erhoben werden.*

Die Klage muss die Beteiligten und den Streitgegenstand bezeichnen *und soll einen bestimmten Antrag enthalten. Sie soll den angefochtenen Verwaltungsakt oder den Widerspruchsbescheid bezeichnen und von dem Kläger oder einer zu seiner Vertretung befugten Person mit Orts- und Tagesangabe unterzeichnet sein.*

---

271 Ein Formulierungsbeispiel für ein solches Schreiben für den Anwendungsbereich der VwGO findet sich bei Wedekind a.a.O., S.158.

272 Lowe in: Hintz/Lowe a.a.O., §66 Rn.20.

273 Lowe in: Hintz/Lowe a.a.O., §66 Rn.20.

Der Klageschrift, den sonstigen Schriftsätzen und nach Möglichkeit den Unterlagen sollen Abschriften für die Beteiligten beigefügt werden.

Hinweise für den/die Widerspruchsführer/-in:

1) Die Klage ist gegen die Stadt H. zu richten.

2) Die Erhebung der Klage durch E-Mail ist nicht zulässig.

Mit freundlichen Grüßen

Dr. Széchényi

! Muster 45 (Variante 2: fehlende Rechtsbehelfsbelehrung)

Widerspruchsbescheid vom 05.12.2023, Az.: 13–6421.01–256/14

Sehr geehrter Herr X,

dem oben genannten Widerspruchsbescheid war versehentlich keine Rechtsbehelfsbelehrung angefügt. Hiermit wird folgende Rechtsbehelfsbelehrung ereilt:

Rechtsbehelfsbelehrung:

Gegen den Bescheid der Stadt H.. vom 17.06.2023, Az. …, kann ***innerhalb eines Monats nach Bekanntgabe dieses Schreibens Klage*** *zum*

Sozialgericht Bayreuth,
Postfachanschrift: 95420 Bayreuth
Hausanschrift: Ludwig-Thoma-Str. 7, 95447 Bayreuth,

schriftlich, elektronisch oder zur Niederschrift des Urkundsbeamten der Geschäftsstelle dieses Gerichts *erhoben werden.*

Die Klage soll die Beteiligten und den Streitgegenstand bezeichnen *und einen bestimmten Antrag enthalten. Sie soll den angefochtenen Verwaltungsakt oder den Widerspruchsbescheid bezeichnen und von dem Kläger oder einer zu seiner Vertretung befugten Person mit Orts- und Tagesangabe unterzeichnet sein.*

Der Klageschrift, den sonstigen Schriftsätzen und nach Möglichkeit den Unterlagen sollen Abschriften für die Beteiligten beigefügt werden.

> Hinweise für den/die Widerspruchsführer/-in:
>
> *1) Die Klage ist gegen die Stadt H. zu richten.*
>
> *2) Die Erhebung der Klage durch E-Mail ist nicht zulässig.*
>
> *Mit freundlichen Grüßen*
>
> *Dr. Széchényi*

5. Rechtsbehelfsbelehrung im Fall der Kostenpflicht eines Nichtbeteiligten

Obwohl der Vertreter ohne bzw. ohne ordnungsgemäß nachgewiesene Vertretungsmacht nicht Beteiligter im widerspruchsverfahrensrechtlichen Sinne ist, ist ihm eine Rechtsbehelfsbelehrung zu erteilen. Entweder legt man den Beteiligtenbegriff in solchen Fällen dahingehend aus, dass der Vertreter, soweit ihm Kosten auferlegt werden, als Beteiligter zu behandeln ist. Oder man greift (über § 62 SGB X) auf § 36 SGB X zurück. Beschwert im Sinne des § 36 SGB X ist der Vertreter allerdings nur insoweit, als ihm Kosten auferlegt worden sind. Deshalb ist die Rechtsbehelfsbelehrung auf diesen Teil des Tenors des Widerspruchsbescheids zu beschränken.

Im oben erwähnten Beispiel lautet die Rechtsbehelfsbelehrung für den Vertreter wie folgt:

> **! Muster 46: Rechtsbehelfsbelehrung bei Kostenpflicht für Vertreter ohne Vertretungsmacht**
>
> *Gegen Ziffer 2 des Widerspruchsbescheids der Regierung von Oberfranken kann innerhalb eines Monats nach Zustellung dieses Widerspruchsbescheids Klage …*

6. Muster Rechtsbehelfsbelehrung

! Muster 47: Rechtsbehelfsbelehrung(en) für den Fall, dass die Widerspruchsbehörde dem Widerspruch stattgibt und anstelle der Ausgangsbehörde die beantragte Leistung in vollem Umfang zuspricht:

Die Regierung von Oberfranken erlässt folgenden

WIDERSPRUCHSBESCHEID:

1. *Der Bescheid des Bezirks ... vom 14.08.2023 in Form des Bescheids vom 06.02.2024 wird dahingehend abgeändert, dass die Kosten für die persönliche Schulbegleitung von ... (während des Schulbesuches) im Umfang von bis zu 24 Stunden und 50 Minuten pro Woche übernommen werden.*
2. *Der Bezirk ... hat der Widerspruchsführerin die zur zweckentsprechenden Rechtsverfolgung notwendigen Auslagen zur erstatten.*
3. *Die Zuziehung eines Bevollmächtigten im Widerspruchsverfahren war notwendig.*
4. *Verwaltungskosten werden nicht erhoben.*

Einem solchen stattgebenden Widerspruch sind zwei Rechtsbehelfsbelehrungen beizugeben: eine für den Widerspruchsführer, denn §85 Abs.3 Satz4 SGG schreibt für jeden Widerspruch eine Rechtsbehelfsbelehrung vor (s. o.), und eine für den unterliegenden Sozialhilfeträger. Da Klagegegner entweder der Rechtsträger der Ausgangsbehörde oder der Rechtsträger der Widerspruchsbehörde ist, hat es sich in der Praxis bewährt, dem Sozialhilfeträger eine Ausfertigung des Widerspruchsbescheids zuzustellen und eine Rechtsbehelfsbelehrung gesondert anzufügen:

2. 1 Ausfertigung mit 1 Aktenheft i. R.

An den Bezirk …

zu dem dortigen Schreiben vom 27.02.2024, 22012-….

mit der Bitte, Kenntnis zu nehmen.

Ferner wird folgende Rechtsbehelfsbelehrung erteilt:

Rechtsbehelfsbelehrung:

Gegen den Widerspruchsbescheid der Regierung von … kann innerhalb eines Monats nach Zustellung dieses Widerspruchsbescheids Klage zum

Sozialgericht Bayreuth,
Postfachanschrift: 95420 Bayreuth
Hausanschrift: Ludwig-Thoma-Str. 7, 95447 Bayreuth,

schriftlich, elektronisch oder zur Niederschrift des Urkundsbeamten der Geschäftsstelle dieses Gerichts erhoben werden.

Die Klage muss die Beteiligten und den Streitgegenstand bezeichnen und soll einen bestimmten Antrag enthalten. Sie soll den angefochtenen Verwaltungsakt oder den Widerspruchsbescheid bezeichnen und von dem Kläger oder einer zu seiner Vertretung befugten Person mit Orts- und Tagesangabe unterzeichnet sein.

Der Klageschrift, den sonstigen Schriftsätzen und nach Möglichkeit den Unterlagen sollen Abschriften für die Beteiligten beigefügt werden.

Hinweise für den Bezirk …

1) Die Klage ist gegen den Freistaat Bayern zu richten.

2) Die Erhebung der Klage durch E-Mail ist nicht zulässig.

Dr. Széchényi

K. Bekanntgabe und Zustellung

1. Übersicht

Ein Verwaltungsakt wird erst mit seiner Bekanntgabe wirksam (§ 37 Abs. 1, § 39 Abs. 1 SGB X).

Die Bekanntgabe setzt voraus, dass die Behörde dem Adressaten willentlich vom Inhalt des Verwaltungsakts Kenntnis verschafft[274]. Die Zustellung ist eine besondere Form der Bekanntgabe (vgl. § 37 Abs. 5 SGB X) und für die Behörde ein verfahrensrechtliches Mittel, um den Zugang eines Schriftstücks nachzuweisen.

Die Bekanntgabe des Ausgangs -, des Abhilfe- und – mangels speziellerer Regelungen (§ 85 Abs. 3 Satz 1 SGG bestimmt nur, dass der Widerspruch bekannt zu geben ist) – auch des Widerspruchsbescheids ist im SGB X geregelt (§§ 37, 39 SGB X).

Nach Ermessen können der Ausgangs-, Abhilfe- und Widerspruchsbescheid auch zugestellt werden[275].

Die Zustellung des Ausgangs- bzw. Abhilfebescheides richtet sich nach Landesrecht (§ 65 Abs. 2 SGB X).[276]. Bei der Ermessensausübung bezüglich der Wahl der Zustellung ist deshalb auch zu berücksichtigen, dass die Behörde für den Zugang und den Zeitpunkt des Zugangs des Verwaltungsaktes beweispflichtig ist (§ 37 Abs. 2 Satz 3 SGB X)[277].

Die Zustellung als besondere Form der Bekanntgabe des Ausgangs- und des Abhilfebescheids richtet sich in Bayern nach dem Bayerischen Verwaltungsverfahrens- und Vollstreckungsgesetz. Gemäß Art. 1 Abs. 5 VwZVG wird zugestellt, wenn dies gesetzlich angeordnet oder im Einzelfall durch behördliche Anordnung bestimmt ist. Die Anordnung durch die Behörde im Einzelfall geschieht, indem auf dem Bescheid (üblicherweise vor der Anschrift) durch den zuständigen Sachbearbeiter oder den Unterschriftsberechtigten ein entsprechender Zustellungsvermerk angebracht wird.

274 Engelmann in: Schütze a. a. O., § 37 Rn. 3a.
275 Kopp/Ramsauer a. a. O., § 41 Rn. 11.
276 BVerwG, U. v. 11.05.1979, 6 C 70/78, BVerwGE 58, 100 juris Rn. 38.
277 Näher dazu Engelmann in: Schütze a. a. O., § 37 Rn. 14.

Blinde und sehbehinderte Menschen haben (in Bayern) einen Anspruch darauf, dass ihnen Dokumente in einer für sie wahrnehmbaren Form (z.B. elektronisch oder akustisch) zugänglich gemacht werden[278].

! Muster 48: Zustellungsvermerk

Einschreiben mit Rückschein

Herr Max Mustermann
Musterstraße 44
55555 Musterstadt

Die Zustellung eines Widerspruchsbescheides richtet sich nach den §§2 bis 10 des Verwaltungszustellungsgesetzes des Bundes (§85 Abs. 3 Satz 2 SGG). Außerdem sind §5 Abs. 4 VwZG und §178 Abs. 1 Nr. 2 ZPO auf die nach §73 Abs. 2 Satz 2 Nr. 3 bis 9 SGG als Bevollmächtigte zugelassene Personen entsprechend anzuwenden (§85 Abs. 3 Satz 3 SGG).

2. Richtiger Bekanntgabeadressat

Ein Verwaltungsakt ist grundsätzlich demjenigen Beteiligten bekannt zu geben, für den er bestimmt ist oder der von ihm betroffen wird (§37 Abs. 1 Satz 1 SGB X: Inhaltsadressat).

Er kann aber auch an einen sogenannten Bekanntgabeadressaten bekannt gegeben werden. Das ist derjenige, dessen Name und Adresse im Anschriftenfeld des Bescheids genannt wird[279].

Regelmäßig sind Inhalts- und Bekanntgabeadressat identisch[280].

In bestimmten Fällen wird der Verwaltungsakt nicht dem Inhaltsadressaten bekanntgegeben, sondern ist einer dritten Person bekanntzugeben. Zu unterscheiden ist zwischen der Bekanntgabe an gesetzliche und der Bekanntgabe an gewillkürte Vertreter. Bei der Bekanntgabe an den gesetzlichen Vertreter kommt vor allem die Bekanntgabe an Handlungsunfähige und unter Betreuung stehende Personen in Betracht. Sind Inhalts- und Bekanntgabeadressat personenverschieden, ist darauf zu achten, dass in dem Bescheid selbst deutlich wird, wer Inhaltsadressat ist. Nach der Rechtspre-

278 Art. 12 des Bayerischen Behindertengleichstellungsgesetzes (BayBGG) i.V.m. § 3 der Dokumentenzugänglichkeitsverordnung (BayDokZugV).
279 BFH, U. v. 20.12.2000, I R 50/00, juris Rn. 15.
280 Wedekind a. a. O., S. 177.

chung des Bundessozialgerichts muss der Inhaltsadressat jedenfalls aus dem sonstigen Inhalt des Bescheids mit einer jeden Zweifel ausschließenden Sicherheit entnommen werden können[281]. Im Adressfeld wird bei Personenverschiedenheit regelmäßig der Bekanntgabeadressat aufgeführt (siehe die folgenden Beispiele).

2.1 Bekanntgabe an gesetzliche Vertreter

2.1.1 Bekanntgabe bei Handlungsunfähigen

Handlungsunfähigen Personen kann nicht wirksam bekannt gegeben werden[282]. Die Bekanntgabe ist daher an ihren (gesetzlichen oder gewillkürten) Vertreter zu richten (z.B. gemäß § 1629 Abs. 1 BGB an die Eltern). Grundsätzlich vertreten die Eltern das Kind gemeinschaftlich, wenn sie die gemeinsame elterliche Sorge haben (§ 1629 Abs. 1 BGB), so dass an beide Elternteile zuzustellen wäre. Allerdings genügt nach der Rechtsprechung des Bundessozialgerichts die Bekanntgabe an einen Elternteil[283].

! Muster 49: Bekanntgabe an Handlungsunfähigen

Max Mustermann, gesetzlich vertreten durch Herta Mustermann

Musterstraße 1

66666 Musterhausen

2.1.2 Bekanntgabe an unter Betreuung stehende Personen

Steht der Adressat unter Betreuung, ist der Betreuer richtiger Bekanntgabeadressat[284].

! Muster 50: Bekanntgabe an unter Betreuung stehende Person

Heinrich Meisterhaus als gesetzlicher Betreuer von Max Mustermann …

2.2 Bekanntgabe an Personenmehrheiten

Da die Bekanntgabe nur voraussetzt, dass die Behörde dem Adressaten willentlich Kenntnis vom Bescheidsinhalt verschafft, ist nach der Recht-

281 BSG, U. v. 21.02.1985,11 RA 6/84, NVwZ 1986, 421.

282 Engelmann in: Schütze a. a. O., § 37 Rn. 8.

283 BSG, U. v. 07.07.2011, B 14 AS 153/10, BSGE 108, 289, juris Rn. 25; offen gelassen von BSG, U. v. 13.11.2008, B 14 AS 2/08 R, BSGE 102, 76, juris Rn. 18.

284 BSG, U. v. 02.07.1997, 9 RV 14/96, BSGE 80, 283.

sprechung des Bundesverwaltungsgerichts nicht erforderlich, dass jeder Adressat in den Besitz einer Ausfertigung des Bescheids gelangt[285]. Folgt man dem, genügt es bei zwei oder mehr Adressaten, diese in das Adressfeld aufzunehmen und lediglich eine Urkunde zu erstellen.

2.3 Bekanntgabe an Bevollmächtigte

Ist ein Bevollmächtigter bestellt, kann die Behörde nach entsprechender Ermessensentscheidung[286] den Verwaltungsakt auch an diesen bekannt geben (§ 37 Abs. 1 Satz 2 SGB X). § 13 Abs. 3 Satz 1 SGB X wird verdrängt[287]. Eine Pflicht zur Bekanntgabe an den Bevollmächtigten für den Fall, dass eine Vollmacht vorgelegt worden ist (wie sie z. B. von § 7 Abs. 1 Satz 2 VwZG oder Art. 8 Abs. 1 Satz 2 VwZVG vorgesehen sind) besteht nicht[288]. Ist ein Bevollmächtigter bestellt, kann also eine zweifache Ermessensentscheidung geboten sein: Bekanntgabe oder Zustellung und – bei der Entscheidung für die Bekanntgabe – Bekanntgabe an den Inhaltsadressaten oder den Bevollmächtigten.

! Muster 51: Bekanntgabe an Bevollmächtigte

Empfangsbekenntnis

An Herr Rechtanwalt Gerhard Heim

Heimstraße 14

99999 Heimdorf

3. Zustellung des Abhilfebescheids

Die Zustellung eines Abhilfebescheides richtet sich nach den Art. 2 ff. VwZVG, wenn dies durch die Ausgangsbehörde im Einzelfall angeordnet wird (Art. 1 Abs. 5 VwZVG). Art. 8a VwZVG sieht für den Fall, dass ein zusammengefasster schriftlicher Bescheid Ehegatten betrifft, vor, dass es für die Zustellung ausreicht, wenn ihnen eine Ausfertigung unter ihrer gemeinsamen Anschrift zugestellt wird.

285 BVerwG, U. v. 24.01.1992, 7 C 38/90, NVwZ 1992, 565, juris Rn. 18.

286 Näher zu den anzustellenden Erwägungen P. Stelkens/U. Stelkens in: Stelkens/Bonk/Sachs a. a. O., § 41 Rn. 53.

287 BSG, U. v. 21.02.1985, 11 RA 6/84, NVwZ 1986, 421.

288 Kopp/Ramsauer a. a. O., § 41 Rn. 34.

4. Zustellung des Widerspruchsbescheids

Für die Zustellung gelten die §§ 2 bis 10 VwZG. Die Widerspruchsbehörde hat die Wahl zwischen den in § 2 Abs. 2 VwZG genannten Zustellern (Erbringer von Postdienstleistungen [Post], eines nach § 17 des De-Mail-Gesetzes akkreditiertem Diensteanbieters oder die Behörde selbst) und zwischen den einzelnen Zustellungsarten (§ 2 Abs. 3 Satz 1 VwZG). Zuzustellen ist grundsätzlich dem Bekanntgabe- bzw. Zustellungsadressaten selbst. Die §§ 178 ff. ZPO enthalten hiervon einige Ausnahmen (z. B. § 178 Abs. 1 Nr. 2 ZPO).

4.1 Zustellung an beschränkt Geschäftsfähige, Geschäftsunfähige und unter Betreuung stehende Beteiligte

Gemäß § 6 Abs. 1 Satz 1 VwZG ist bei Geschäftsunfähigen oder beschränkt Geschäftsfähigen an die gesetzlichen Vertreter zuzustellen. Gleiches gilt bei Personen, für die ein Betreuer bestellt ist, soweit der Aufgabenkreis des Betreuers reicht (§ 6 Abs. 1 Satz 2 VwZG). Bei mehreren gesetzlichen Vertretern genügt die Zustellung an einen von ihnen (§ 6 Abs. 3 VwZG).

Muster 52: Zustellung an Geschäftsunfähige

Einschreiben

An Frau Erika T …

gesetzlich vertreten durch

Herrn Udo T …

…

95… Hof

4.2 Zustellung an mehrere Widerspruchsführer

Im Gegensatz zu der Rechtslage bei der Bekanntgabe ist bei der Zustellung erforderlich, dass jeder Adressat eine Ausfertigung des Verwaltungsakts erhält. Der Widerspruchsbescheid beispielsweise, der den Widerspruch von Eheleuten gegen einen ablehnenden Antrag auf Bewilligung von Grundsicherungsleistungen zurückweist, ist den Ehegatten jeweils gesondert zuzustellen. Das Bundesverwaltungszustellungsgesetz sieht – anders als das bayerische Verwaltungszustellungs- und Vollstreckungsgesetz in Art. 8a VwZVG – nicht vor, dass bei zwei oder mehreren Adressaten die Zustellung eines Dokuments ausreicht.

4.3 Zustellung an Bevollmächtigte

Im Unterschied zur Zustellung beim Ausgangs- bzw. Abhilfebescheid ist an den Bevollmächtigten zuzustellen, wenn dieser eine schriftliche Vollmacht vorgelegt hat (§ 7 Abs. 1 Satz 2 VwZG). Im Übrigen steht die Zustellung an den Bevollmächtigten im Ermessen der Widerspruchsbehörde.

Das Zustellungsrecht sieht für bestimmten Berufsgruppen, zu der auch Rechtsanwälte gehören, mit dem Empfangsbekenntnis (§ 5 Abs. 4 VwZG) erleichterte Zustellungsmöglichkeiten vor. Diese erleichterten Zustellungsmöglichkeiten gelten bei der Zustellung eines Widerspruchsbescheids auch für die in § 73 Abs. 2 Satz 2 Nr. 3 bis 9 SGG genannten vertretungsbefugten Personen (§ 85 Abs. 3 Satz 3 SGG) und damit auch für Sozialverbände wie z. B. den VdK[289]. Eine weitere Erleichterung ergibt sich durch die entsprechende Anwendbarkeit des § 178 Abs. 1 Nr. 2 ZPO (Zustellung in den Geschäftsräumen an einen dort Beschäftigten).

5. Bekanntgabe- bzw. Zustellungsfehler, Folgen und Heilung

Das SGB X regelt nur, dass ein Verwaltungsakt zu seiner Wirksamkeit der Bekanntgabe bedarf (§ 39 Abs. 1 SGB X). Die Rechtsfolgen einer fehlerhaften Bekanntgabe sind umstritten. Zum Teil wird ein nicht ordnungsgemäß bekannt gemachter Verwaltungsakt für nichtig gehalten[290], zum Teil wird zwischen dem Verstoß gegen wesentliche Verfahrensvorschriften und weniger schweren Verstößen[291] unterschieden. Es spricht allerdings viel dafür, entsprechend § 8 VwZG bzw. Art. 9 VwZVG eine Heilung von Bekanntgabemängeln in dem Zeitpunkt anzunehmen, in dem der Verwaltungsakt dem Empfangsberechtigten tatsächlich zugegangen ist[292].

Die Rechtsfolgen von Zustellungsfehlern sind in § 8 VwZG bzw. Art. 9 VwZVG geregelt. Auch bei einer fehlerhaften Zustellung liegt, jedenfalls dann, wenn alle Adressaten vom Inhalt Kenntnis genommen haben, eine Bekanntgabe und damit ein Verwaltungsakt vor[293].

289 BSG, B. v. 14.08.1959, 11 RV 104/59, BSGE 10, 244 hatte die Vorgängervorschrift des § 5 Abs. 4 VwZG für entsprechend anwendbar gehalten.

290 Engelmann in: Schütze a. a. O., § 37 Rn. 57.

291 Kopp/Ramsauer a. a. O., § 41 Rn. 24 und 25 m. w. N.

292 BFH, U. v. 08.12.1988, IV R 2s4/87, NJW 1989, 2496 juris Rn. 12, BFH, U. v. 29.10.1997, X R 37/95, NVwZ 1998, 998 juris Rn. 25; Kopp/Ramsauer a. a. O., § 41 Rn. 26.

293 BVerwG, U. v. 24.01.1992, 7 C 38/90, NVwZ 1992, 565, a. A. Schlatmann in: Engelhardt/App/Schlatmann, VwVG, VwZG, 10. Aufl. 2014, § 8 Rn. 11, Wedekind a. a. O., S. 185.

L. Sonstiges, Hinweise

In der Praxis ist es üblich, der Ausgangsbehörde einen Abdruck des Widerspruchsbescheids zukommen zu lassen. Damit bekommt die Ausgangsbehörde eine wichtige Rückmeldung, ob ihre Rechtsauffassung von der Widerspruchsbehörde geteilt wird. Ist die Widerspruchsbehörde zugleich Rechtsaufsichtsbehörde, kann es im Einzelfall geboten sein, über den konkreten Fall hinaus Hinweise zum Verwaltungsverfahren oder zur Rechtslage nach dem jeweils einschlägigen materiellen Recht zu geben. Dies kommt insbesondere bei Rechtsverstößen in Betracht, auf die es im konkreten Widerspruchsbescheid nicht angekommen ist. Da ein Widerspruchsverfahren der Entscheidung eines konkreten Falls dient, wäre es verfehlt, in diesem Rahmen allgemeine Ausführungen zur Verfahrensführung durch eine Behörde zu machen oder auf Verstöße gegen Rechtsvorschriften einzugehen, die für den Ausgang des Widerspruchsverfahrens nicht relevant sind. Richtiger Ort für solche Hinweise ist ein Begleitschreiben an die Ausgangsbehörde.

Fällt beispielsweise auf, dass bei einer Behörde wiederholt ablehnende Verwaltungsakte in Gestalt von einfachen Schreiben ohne Rechtsbehelfsbelehrung erlassen werden, wirkt sich dies zwar nicht zu Lasten des Widerspruchsführers aus. Es kann jedoch geboten sein, die betreffende Behörde allgemein zur Einhaltung der maßgeblichen Verfahrensvorschriften bzw. zur Einhaltung des § 36 SGB X anzuhalten:

Muster 53: Hinweisschreiben an Ausgangsbehörde

2. In Kopie

mit 1 Kopie des Schreibens an Frau Inge E … vom 04.07.2023 und 1 Aktenheft i.R.

Bezirk …

Bayreuth

zu dem dortigen Schreiben vom 31.10.2022, Az.: 22219-… mit der Bitte, Kenntnis zu nehmen.

Es wird darauf hingewiesen, dass die Widerspruchsfrist des § 84 Abs. 1 SGG noch offen ist, da weder dem Bescheid vom 20.09.2022 noch den Bescheiden vom 09.01.2023 bzw. 01.07.2023 eine Rechtsbehelfsbelehrung beigefügt war (§ 66 Abs. 1 SGG). Deshalb kommt im vorliegenden Fall in Betracht, dass Frau E … die

Vertretung genehmigt und der Widerspruch damit zulässig wird (vgl. FG München, U. v. 11.08.2012, 5 K 1763/10). Im konkreten Fall habe ich davon abgesehen, Frau E … auf die Möglichkeit der Genehmigung hinzuweisen, weil der Widerspruch nach meiner Rechtsauffassung auch in der Sache keinen Erfolg hätte (s. mein Schreiben an Frau E … vom heutigen Tag), so dass die Genehmigung für sie keinen Vorteil hätte.

Wäre Frau E … ordnungsgemäß belehrt worden, wäre eine solche Genehmigung nicht mehr möglich, weil dann die Rechtsbehelfsfrist schon abgelaufen wäre. Es wird deshalb – auch im eigenen Interesse – erneut gebeten, Bescheiden – wie es § 36 SGB X vorsieht – eine Rechtsbehelfsbelehrung anzufügen.

Mit freundlichen Grüßen

Dr. Széchényi